PELOS OLHOS DE MINHA MÃE

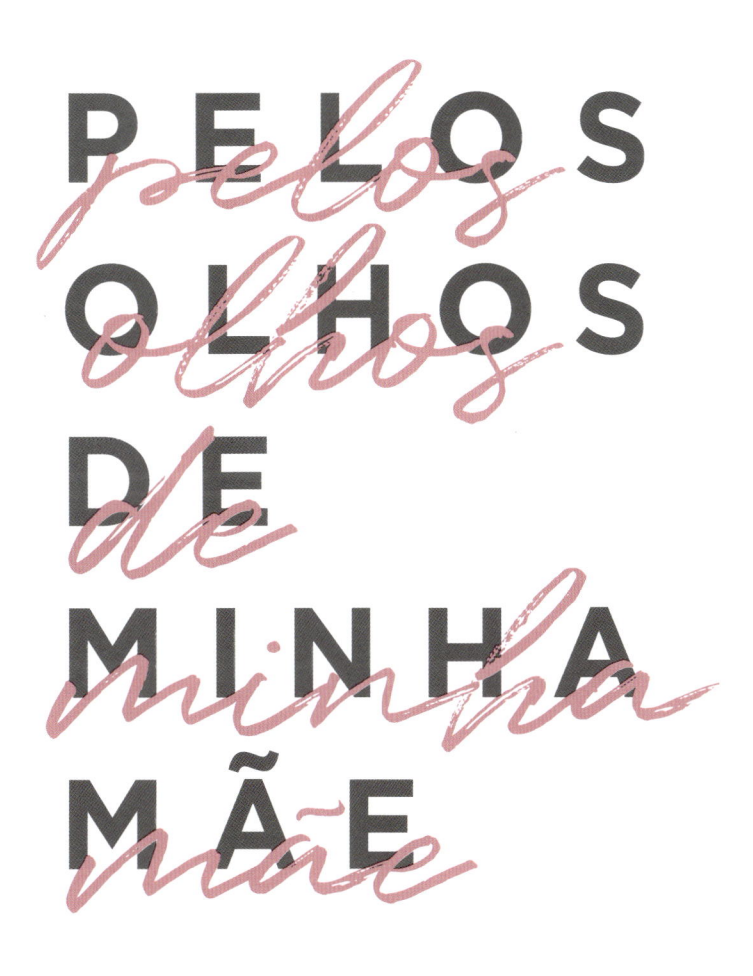

DIÁRIOS, MEMÓRIAS E OUTRAS LEMBRANÇAS

Laura Huzak Andreato

Iolanda Huzak

PALAVRAS

Pelos Olhos de Minha Mãe:
diários, memórias e outras lembranças

Copyright ©
Laura Huzak Andreato e Iolanda Huzak

Copyright © para esta edição:
Palavras Projetos Editoriais Ltda.

Responsabilidade Editorial:
Ebe Spadaccini

Coordenação Editorial:
Vivian Pennafiel

Edição:
Pádua Fernandes
Barbara Monfrinato
    (Material Digital do Professor)
Diana Brito
    (Material Digital do Professor)

Assessoria Pedagógica:
Pádua Fernandes (Paratexto)
Flavia Cristina Bandeca Biazetto
    (Material Digital do Professor)
Francisley Dias
    (Material Digital do Professor)

Revisão:
Marcelo Nardeli
Sandra Garcia Cortés
Simone Garcia

Projeto Gráfico:
Carla Chagas
Renata Milan
    (Material Digital do Professor)

Todos os direitos reservados à
Palavras Projetos Editoriais Ltda.
Rua Pe. Bento Dias Pacheco, 62, Pinheiros
CEP. 05427-070 – São Paulo – SP
Telefone: +55 11 3673-9855
www.palavraseducacao.com.br
faleconosco@palavraseducacao.com.br

Dados Internacionais de Catalogação na Publicação (CIP) de acordo com ISBD

A557p Andreato, Laura Huzak
    Pelos olhos de minha mãe:diários, memórias e outras lembranças / Laura Huzak Andreato ; fotografias de Iolanda Huzak. - São Paulo : Palavras, 2022.
    144 p. : il. ; 27cm x 27cm.

    ISBN: 978-65-88629-57-4

    1. Biografia. 2. Diário. 3. Memória. 4. Fotojornalismo. I. Huzak, Iolanda. II. Título.

2021-3828
CDD 920
CDU 929

Elaborado por Vagner Rodolfo da Silva - CRB-8/9410

Índice para catálogo sistemático:
1. Biografia 920
2. Biografia 929

PALAVRAS

1ª edição • fevereiro • 2022

PELOS OLHOS DE MINHA MÃE

Hoje, como em tantas outras noites, sonhei com minha mãe.

Estávamos em algum lugar indefinido e eu me alegrava por vê-la voltando não sei bem de onde. Acabava a angústia de estar procurando por ela. Era uma situação banal, como se a gente apenas tivesse se perdido uma da outra rapidamente. Sentia um grande alívio por tê-la de novo por perto.

Acordei pensando que o sonho não deixava de ser um prenúncio: tinha finalmente decidido encarar a tarefa de visitar os arquivos de minha mãe, tantas vezes adiada para o dia seguinte. Eu me reencontraria com ela de certa forma.

Haviam-se passado quase 7 anos de sua morte. Seus arquivos estavam bem guardados, mas faltava coragem para mergulhar neles e dar-lhes o destino que mereciam. Fazê-los públicos, deixar imagens tão necessárias à vista novamente.

Nos próximos dias, iria me dedicar a explorar pastas cheias de negativos, cromos e contatos, alguns *gigabytes* de fotos digitalizadas por ela mesma em um HD, um diário de memórias, alguns cadernos de anotações, livros, revistas, além, é claro, de minhas próprias lembranças.

Decidi começar pelo diário e logo na primeira página encontrei este trecho:

São as, memórias que nos trazem à vida novamente

14 de março de 2009.

Escrever é como se perpetuar na memória dos seus. É uma maneira de deixar para as gerações que virão uma memória do que se era e do que se continuará sendo. Pois não é esta a melhor maneira de deixarmos uma lembrança? Deixar a nossa história, esperando que ela seja recontada, assim como as histórias foram transmitidas oralmente pelos antigos povos africanos, como as histórias que nossos pais nos contam até hoje. São as memórias que nos trazem à vida novamente.

Lendo esse trecho, achei curioso que atribuísse à escrita o poder de perpetuar a memória. Logo ela que deixou tantas imagens... Fiquei contente por ter ali, diante de mim, tantas formas de lembrar dela, tantos registros do que viu, escreveu e sentiu.

Antígua, Guatemala, 1989.

Minha avó Rosa diz que minha bisavó tinha sangue cigano. Nunca consegui confirmar essa história com fatos além dos relatos dela. Ela sempre diz isso num mesmo contexto: para falar que minha mãe gostava de viajar. "Tem sangue cigano, herdou da avó dela". De fato, minha mãe esteve em muitos lugares. Fotografando, ela rodou todas as regiões do Brasil e conheceu várias partes do mundo: Honduras, Guatemala, El Salvador, Itália, Suíça, Vietnã, Bali...

Lembro de ouvir de meu pai a história sobre o que foi provavelmente sua primeira viagem de fotógrafa aprendiz: ela se enfiou num fusca com uma amiga e rodaram pelo Nordeste, no início dos anos 1970.

Essa foi a primeira de suas muitas expedições. Mesmo depois que eu e meu irmão nascemos, ela continuou a viajar. Quando saía, ficávamos com meu pai ou minha avó.

Interior de Pernambuco, 1972.   Praia do Pina, Recife (PE), 1973.   Praia do Pina, Recife (PE), 1973.

Mãe e bebê em romaria a Bom   Bom Jesus da Lapa (BA), 1972.   Interior de Pernambuco, 1972.
Jesus da Lapa (BA), 1973.

Mãe e bebê em
romaria a
Bom Jesus da
Lapa (BA), 1973.

Bom Jesus da Lapa
(BA), 1972.

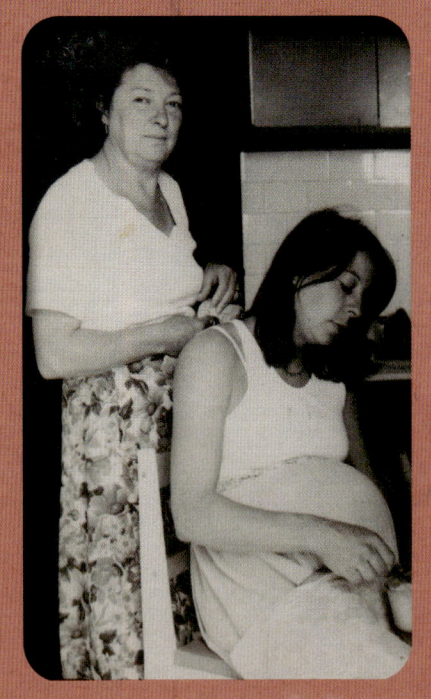

Laura e Iolanda.
São Paulo (SP), 1983.

Laura e Bento. São Paulo
(SP), 1981.

Laura e Bento. São Paulo
(SP), 1983.

Laura e Bento. São Paulo
(SP), 1981.

Bento e Iolanda. São Paulo
(SP), 1980.

Rosa e Iolanda grávida de
Laura. Piedade (SP), 1978.

Laura e Bento. São Paulo
(SP), 1983.

Laura e Bento. São Paulo
(SP), 1983.

Rosa e Laura. São Paulo
(SP), 1979.

Iolanda e Laura grávida de
Nuno. Jarinu (SP), 2012.

Acho que vou começar a fotografar borboletas.

Iolanda, Bento e Laura.
São Paulo (SP), 1978.

Laura e Iolanda.
São Paulo (SP), 1984.

Hoje me pergunto como era vista na época uma mulher que deixava seus filhos pequenos em casa e partia para desbravar o Brasil num fusca com a amiga.

Minha avó, apesar de ser uma mulher forjada pelo espírito de seu tempo, soube compreender o legado herdado pela filha de percorrer o mundo.

Eu me lembro de uma ocasião em que, voltando de uma viagem longa para a América Central, minha mãe chegou em casa cansada e encontrou uma filha bem mais rechonchuda por conta das concessões amorosas da avó.

Ela sempre retornava exausta. O ritmo de trabalho era intenso e, sendo ela uma fotógrafa que não retratava exatamente temas amenos, o cansaço emocional também era grande. Pobreza, miséria, exploração... Eram raras as situações em que fotografar era um exercício tranquilo. A câmera era para ela mais um dispositivo de militância, uma arma que mirava injustiças.

Essa era uma escolha penosa. Sempre que voltava de viagem, dizia: "Acho que vou começar a fotografar borboletas".

Cortadora de cana.
Dobrada (SP), 1984.

Cortadora de cana.
Dobrada (SP), 1984.

Cortadores de cana.
Guariba (SP), 1981.

10 de abril de 2009.

Hoje é sexta-feira da paixão. O rádio toca uma valsa e eu escrevo. Olho na parede uma pintura em seda que trouxe de Saigon, Vietnã, em 1995. Ela representa uma paisagem rural com homens e mulheres ceifando o arroz. Ao fundo há uma mata e ruínas em tons pastel.

A cena me lembra o trabalho com cortadores de cana-de-açúcar que fiz na década de 1980. Esse projeto foi muito importante na minha trajetória como fotojornalista. Nele construímos uma história junto com os trabalhadores, em que eles foram protagonistas e participaram ativamente da produção dos enredos. O projeto foi coordenado pela socióloga Maria Conceição D'Incao, que depois se tornou uma grande amiga.

Produzimos uma série de audiovisuais sobre a situação dos boias-frias, procurando registrar suas condições de vida. Foi aí que tive a noção na prática do que Marx dizia sobre a expropriação do trabalho, sobre a acumulação e sobre a transformação de pessoas em mera mão de obra. Vi homens e mulheres com suas forças sugadas. Como a cana, que tem seu sumo retirado, restando apenas o bagaço.

Esse projeto percorreu alguns lugares do Brasil: Maranhão, Pernambuco e Paraíba. Em uma dessas viagens, Conceição torceu o pé e não pôde me acompanhar. Lá fui eu com o pessoal da Universidade da Paraíba mostrar as fotos para um grupo de trabalhadores que estavam resistindo bravamente ao assédio dos fazendeiros que queriam expulsá-los de suas terras. No local não havia energia elétrica, lembro que usamos o gerador de um gato[1] para projetar as fotos.

Foi uma experiência inesquecível. No meio da noite, céu estrelado, uma tela branca projetando a história dos cortadores de cana. Eram homens, mulheres, crianças, velhos – na sua maioria negros, remanescentes de quilombos –, todos siderados com o espetáculo. E eu só olhando seus rostos, emocionada.

---

[1] N. do E.: 'gato' aqui se refere ao 'gato rural' ou 'turmeiros', que é a figura responsável por contratar os trabalhadores rurais volantes ou boias-frias para trabalhar nas fazendas.

Cortador de cana.
Sertãozinho (SP), 1982.

Cortadoras de cana.
Ribeirão Preto (SP), 1982.

Cortadores de cana.
Guariba (SP), 1980.

Como a cana, que tem seu sumo retirado, restando apenas o bagaço.

Cortador de cana.
Guariba (SP), 1982.

Cortador de cana.
Ribeirão Preto (SP), 1983.

O som do antigo projetor trocando os *slides* é uma memória viva da minha infância. Em minhas brincadeiras eu gostava de criar músicas para encaixar naquele *clect clect clect* ritmado que saía do quarto escuro em que minha mãe ensaiava por horas a fio as projeções. Além do projetor, um outro aparelho que sincronizava o som com a passagem dos *slides*, fazendo surgir um quase filme, que era completado na cabeça de quem assistia juntando fotos, depoimentos dos trabalhadores e músicas que falavam do mundo rural. De uma delas, bem singela, ainda lembro vagamente. Dizia algo assim:

No caldo da cana está o mel que adoça a boca do beijo seu...

Trabalho no corte da cana-de-açúcar. Região de Ribeirão Preto (SP), início da década de 1980.

Escola rural, El Salvador, 1988.

[A partir do projeto dos boias-frias] conheci um representante do UNICEF, [Agop Kayayan[2]] que, de passagem pelo Brasil, me convidou para documentar a situação de mulheres e crianças na América Central.

[Em 1988] fui para El Salvador sem ter ideia do que me esperava. Era guerra mesmo. Fiquei 22 dias lá, me sentindo muito sozinha, em uma situação bastante violenta. Embora os fotógrafos e jornalistas tivessem imunidade, isso na verdade não queria dizer muita coisa, porque havia bombas explodindo para todo lado. Tudo era precário. Não existia ninguém naquele país que não tivesse uma situação de morte na família.

[...] fotografei sobretudo o resultado da guerra: crianças e mulheres nos acampamentos, a situação de miséria absurda e total. Fotografei as crianças, o que faziam, onde estavam, como sobreviviam, em que trabalhavam. E as mulheres, suas atividades, seu trabalho durante a guerra. Acho que nesse momento a questão da infância começou a aparecer com mais intensidade para mim.

El Salvador, 1988.

Quando esteve em El Salvador pela primeira vez, minha mãe tornou-se amiga de Vanda Pignato, uma advogada brasileira ativista dos direitos humanos, casada com o jornalista Maurício Funes. Em março de 2009, Funes foi eleito presidente do país e eles a convidaram para registrar a posse.

Trecho da entrevista que Iolanda Huzak concedeu a Marcia Pereira Leite. *Cadernos de Antropologia e Imagem da UERJ*, n.19, p. 109-110, 2004.
[2] N. do E.: Agop Kayayan havia defendido sua tese de mestrado sobre os cortadores de cana-de-açúcar no Brasil.

Honduras, 1988.

San Salvador,
El Salvador, 1988.

El Salvador, 1988.

Guatemala, 1988.

Chichicastenango, Guatemala, 1990.

Santiago Atitlán, Guatemala, 1989.

El Salvador, 1989.

Tegucigalpa, Honduras, 1989.

Nesse dia esperançoso, ouço uma cigarra convidar outras para cantar.

El Salvador, 1989.

15 de março de 2009.

Hoje pode estar acontecendo uma grande mudança em El Salvador, país que conheci em plena guerra civil. É dia de eleição e muito provavelmente o partido da Frente Farabundo Martí de Libertação Nacional vencerá as eleições. O candidato é Mauricio Funes, um jornalista que cobriu a guerra civil pela televisão local.

Nesse dia esperançoso, ouço uma cigarra convidar outras para cantar. Respiro o frescor das árvores que entra pela janela. Espero a chegada das minhas netinhas, Clara e Elis, como sempre esperei rever meus filhos quando crianças. Aguardo o resultado das eleições desejando que Funes vença. Ouço no rádio uma sonata ao piano que toca em consonância com o canto das cigarras.

A infância escorre lenta pelo ralo

Vila Anastácio, onde nasci. Bairro paulistano, pobre, industrial, nas franjas do rio Tietê.

Eu, neta de imigrantes húngaros e italianos, observava com admiração a "baianada", como eram chamadas as famílias nordestinas que migravam para o bairro trazidas direto para a Fundição de Aços Sofunge. O jeito diferente de falar, o cheiro das comidas, os temperos... Nada era mais encantador do que o andar elegante das mulheres. Com suas rodilhas de panos branquinhos e retorcidos, equilibravam latas d'água na cabeça. Figuras de Carybé.

Naquele tempo, os quintais eram cheios de frutas e havia a horta que dava alguma dignidade à nossa pobreza. No final da tarde havia a troca entre os vizinhos de verduras que eram consumidas no jantar.

Por volta dos dez anos, eu já tinha obrigações, como a maioria das meninas da minha rua. No final da tarde, alguma brincadeira era permitida, até que a mãe lá de dentro chamasse para "barrer" a casa, lavar a louça, tirar água do poço. E, à noite, fazer as barras dos vestidos que ela costurava. Aos sábados, íamos vender fiado em bairros mais distantes para outra gente de pobreza maior.

A vontade era de estudar, ter outro destino. O pai ausente e severo queimava os olhos e os pulmões no ofício dentro do Frigorífico Armour, mas em casa declarava: menina não precisa estudar.

Tantas voltas deu-me a vida. Muitas décadas me separam das lembranças que ficaram amareladas e no tempo. Me fiz fotógrafa. Registro o passado com as lentes no presente. Hoje a miséria substitui a pobreza. Nas casas, o trabalho da menina começa mesmo antes dos dez anos. Ela já não brinca mais na rua. Cuida dos irmãos enquanto a mãe vai para o trabalho. Não há creches e não há dinheiro para quem olhe por eles. Ela é agora quem cuida de tudo dentro da casa. E ainda arrisca ganhar uns trocados fazendo servicinhos na vizinhança nas horas vagas. São milhões de meninas espalhadas pelo Brasil, com responsabilidade de gente grande. Era uma vez uma escola, era uma vez um sonho. Era uma vez um quintal. A infância escorre lenta pelo ralo.

Ensaio fotográfico "A infância escorre pelo ralo", *Revista Caros Amigos*, n. 33, p. 21-22, dezembro - 1999.

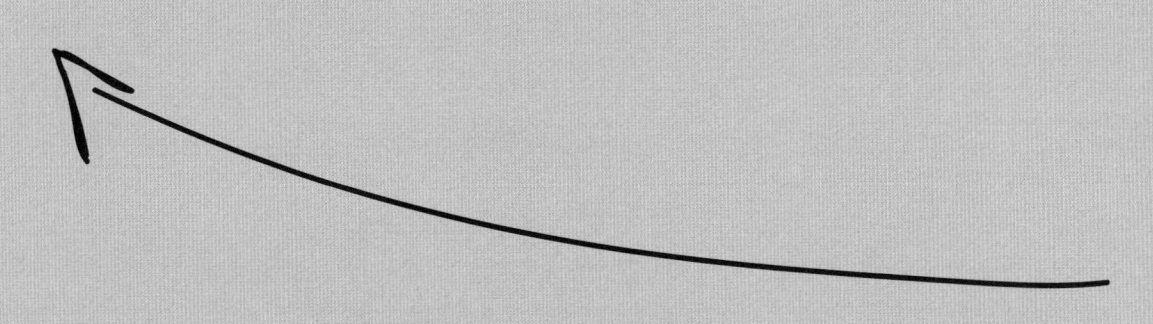

Menina de 5 anos cuida da casa e do irmão menor.
Guaianases, São Paulo (SP), 1995.

Procurando na seção de minha estante dedicada às publicações de minha mãe, achei um exemplar da Revista Caros Amigos para o qual ela colaborou. É uma edição de 1999 com um texto e um ensaio fotográfico sobre meninas trabalhadoras domésticas.

Enxergo nesse texto o fio que liga sua infância a tantas outras que encontrou no caminho. O tema a tocava de forma profunda. Não à toa se tornou um grande assunto em seu trabalho. A menina que se sentia desprotegida talvez a tenha feito olhar para outras infâncias com tanto cuidado.

Menina trabalha cuidando da casa e do irmão em Heliópolis. São Paulo (SP), 1995.

Trabalho doméstico em carvoaria, 1993.

Ceará, 1993.

Ceará, 1993.

TRABALHO DOMÉSTICO - SP

FOTOGRAFIA IOLANDA HUZAK
Fone (011) 871 2434 ___/___/___

Trabalho doméstico -
Menina de 11 anos, cearense,
cuida da casa e 2 irmãos.
Favela Vila Prudente - S.Paulo - (1996)

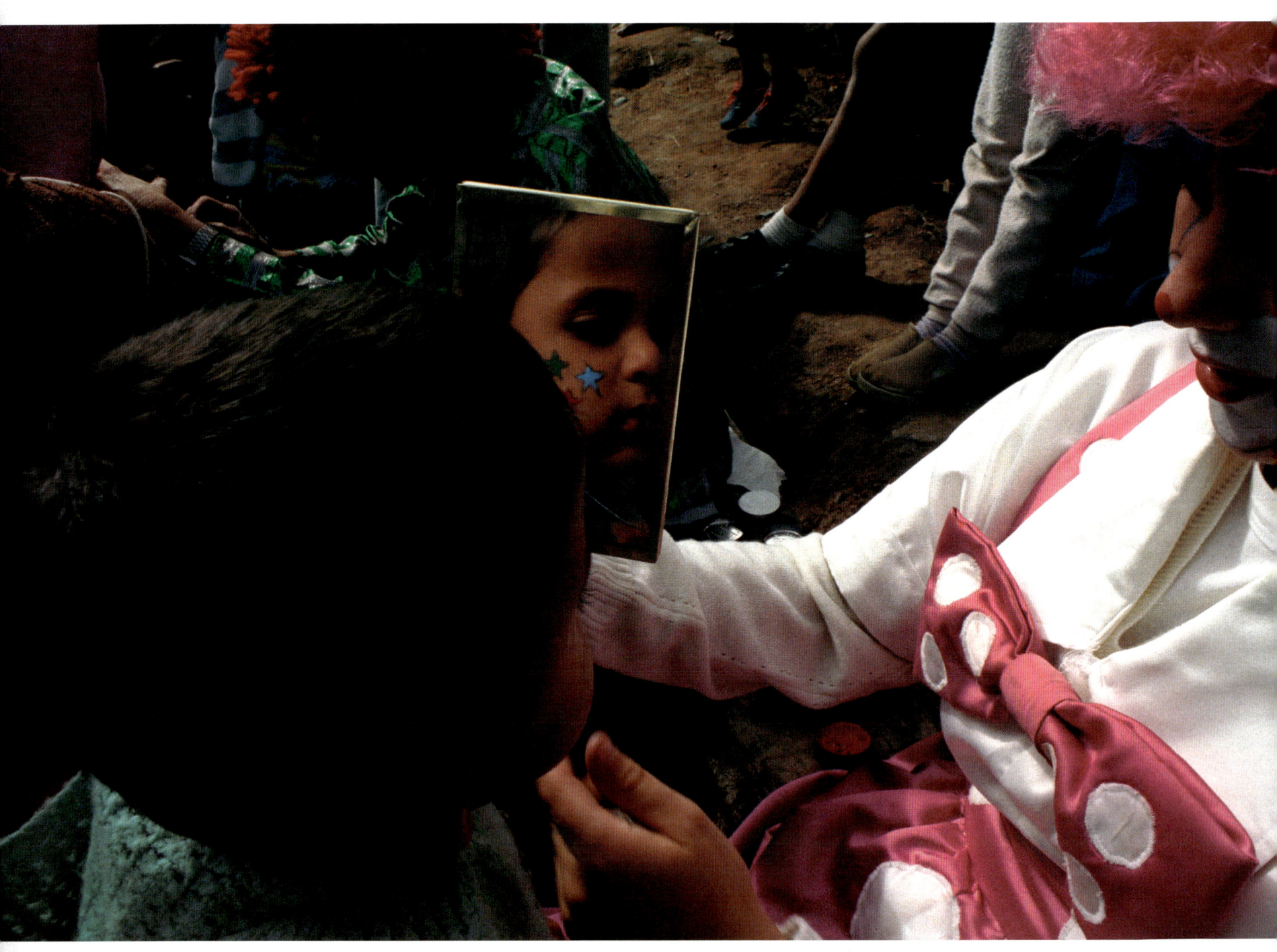

Menino participa de projeto
socioeducativo no bairro do Glicério.
São Paulo (SP), 1990.

Garoto em meio ao conflito entre
camelôs e a Guarda Civil Metropolitana.
Praça da República, São Paulo (SP), 1990.

Menino participa de projeto socioeducativo no bairro do Glicério. São Paulo (SP), 1990.

37

Criança em projeto socioeducativo no bairro do Grajaú. São Paulo (SP), 1990.

Voluntária cuida de bebês abandonados, na Unidade Sampaio Viana da FEBEM. São Paulo (SP), 1990.

Crianças trabalham
em forno de carvoaria.
Água Clara (MS), 1994.

O livro *Crianças de Fibra*, feito em parceria com a jornalista Jô Azevedo entre 1993 e 1994, certamente foi um marco em sua trajetória. A publicação, que denunciava a existência do trabalho infantil no Brasil, foi produzida pelas duas durante oito meses de viagens intensas e difíceis. Elas comiam quando dava, dormiam quando e onde era possível.

Para conseguir entrar nos locais onde as crianças estavam, às vezes era preciso ocultar os reais objetivos da visita: diziam que iriam verificar se as crianças tinham as vacinas em dia ou que estavam realizando algum tipo de censo. Tinham que fazer tudo às pressas, escondidas, muitas vezes correndo perigo de serem descobertas por fazendeiros, capatazes ou donos de fábricas.

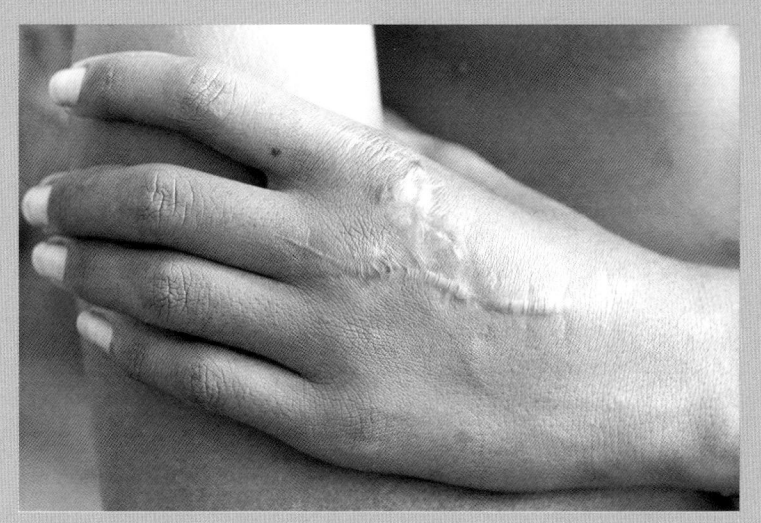

Colheita da laranja.
Taguatinga (SP), 1993.

Mão de jovem que se acidentou cortando cana-de-açúcar.
Ipojuca (CE), 1993.

42

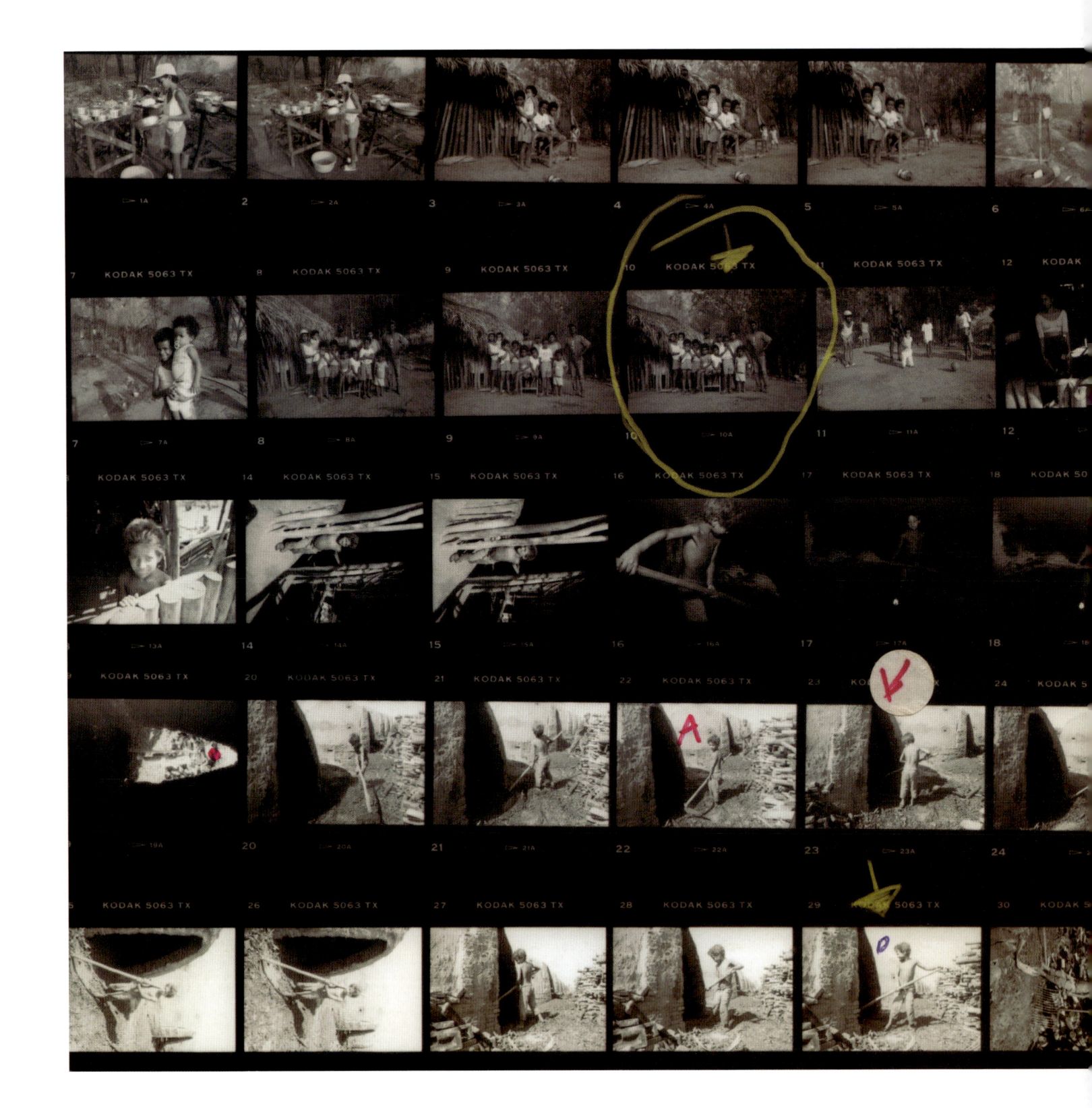

Crianças trabalham em
forno de carvoaria.
Água Clara (MS), 1994.

Rodamos mais de três horas até encontrarmos seu Zé, em Caponguinha, distrito de Pindoretama, ponto perdido no mapa. Ele estava indo para o engenho de rapadura, e, sem desconfiar de nossas intenções investigativas, levou-nos para conhecer o processo de produção. No engenho, crianças manuseavam a mela que escorre fervendo, alimentavam os motores com a cana sem nenhuma proteção. O canavial está sob 40 graus, vestido de camisa, calças compridas e boné, um dos meninos, assustado com a nossa presença, embrenhou-se no meio do mato e permaneceu escondido durante alguns minutos. Os garotos mais velhos não se incomodavam conosco e continuavam o serviço.

No engenho, crianças manuseavam a mela que escorre fervendo, alimentavam os motores com a cana sem nenhuma proteção.

Menino trabalha revirando a garapa de cana-de-açúcar para produção de rapadura. Barbalha (CE), 1994.

Menino carrega feixe de cana.
Barbalha (CE), 1994.

Plantação de chá.
Vale do Ribeira (SP), 1994.

COPYRIGHT by
IOLANDA HUZAK
Tel. 55 - 011 - 8712434
Lei nº 5.988 - 73

Vendedor de jornais
Salvador Ba - 1993 -

Colheita de tomates.
Vale do São Francisco (PE), 1993.

Colheita de tomates.
Vale do São Francisco (PE), 1993.

Praia de Iracema,
Fortaleza (CE), 1993.

Praia de Iracema,
Fortaleza (CE), 1993.

A volta dessa viagem foi especialmente difícil. Depois de tanto ver crianças em situações de miséria e exploração extrema, ela voltou doente – um tanto do corpo, um tanto da alma. Era necessário esforço para lembrar que a denúncia daquelas situações significava um primeiro passo na tentativa de mudá-las. Agora que sou mãe, imagino o quanto ela deve ter sido atormentada pela visão de crianças exauridas, com fome, machucadas, sem cuidado, sem escola.

Lembro que seus olhos se encheram de lágrimas quando contou que um menino que trabalhava em uma carvoaria pediu que ela o levasse dali.

Casa em carvoaria.
Água Clara (MS), 1994.

Meninas retiram o carvão do forno.
Água Clara (MS), 1994.

Menino desfiando sisal.
Valente (BA), 1993.

Menino carrega feixe de folhas de sisal.
Valente (BA), 1993.

Santaluz (BA), 1993.

Eu olhei aquele garoto e comecei a perceber, por meio da expressão facial dele, o esforço físico que fazia cada vez que martelava. Pensei: "Tenho que conseguir registrar isso". Era uma questão de segundos porque, conforme ele batia, a face se contraía e logo o movimento sumia. Ninguém estava vendo isso. É o olho do fotógrafo que às vezes vai naquele detalhe porque é ele que vai contar. Eu tinha que conseguir registrar isso, e fiquei lá observando como ele batia e quando isso acontecia. Não foram muitas fotos, talvez umas cinco, até que eu consegui. Nesse caso, foi uma imagem que planejei de antemão, em que busquei aquela situação. E, de fato, é uma fotografia muito expressiva, porque ali está condensada, no esforço do menino, a questão do trabalho infantil.

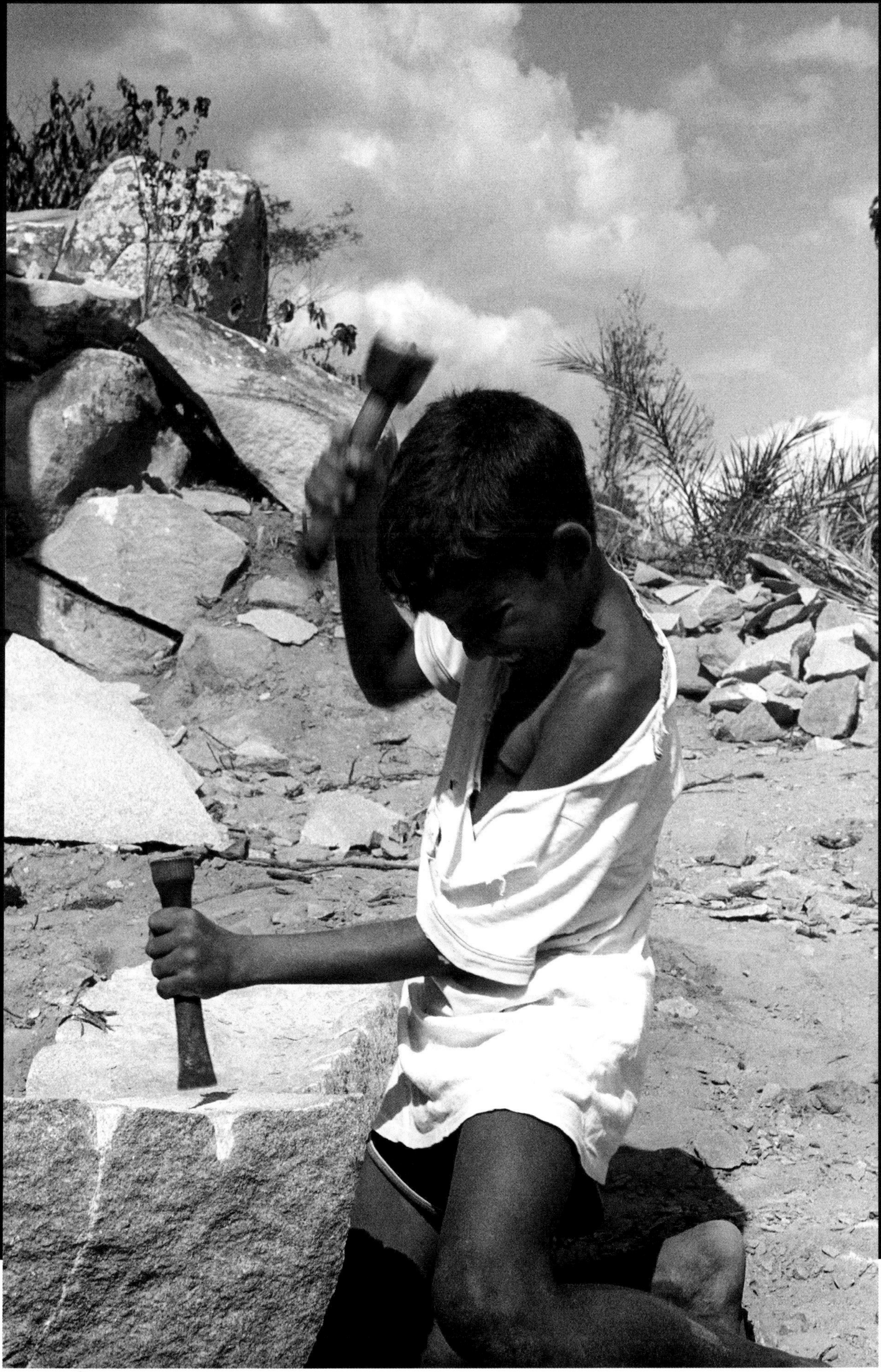

Em 2003 minha mãe caiu na estrada outra vez. Desta vez acompanhada por uma escritora e jornalista muito jovem, Paloma Klisys, então com 22 anos. As duas mulheres, de gerações e temperamentos muito diferentes, embarcaram em uma jornada de quatro meses pelas cinco regiões do país, registrando para um livro-reportagem tanto situações de desrespeito aos direitos das crianças e adolescentes quanto iniciativas que apontavam perspectivas para sua garantia.

Encontraram de novo muita pobreza, carência e sofrimento, mas dessa vez também algumas situações felizes, fios de esperança para infâncias maltratadas.

Aluna da escola bilíngue, aldeia Bororó.
Dourados (MS), 2003.

Projeto A Terra do Coração Branco.
Recife (PE), 2003.

Córrego Bandeira.
Campo Grande (MS), 2003.

Centro de Educação e Cultura
Daruê Malungo.
Recife (PE), 2003.

Escola bilíngue na aldeia Bororó.
Dourados (MS), 2003.

Jongo da Serrinha.
Rio de Janeiro (RJ), 2003.

Comunidade quilombola de Morros.
Itapecuru Mirim (MA), 2003.

Escola bilíngue, aldeia Jaguapiru.
Dourados (MS), 2003.

Comunidade quilombola de Morros.
Itapecuru Mirim (MA), 2003.

Escola Municipal Áurea Ribeiro.
Parque São Lucas, São Paulo (SP), 2003.

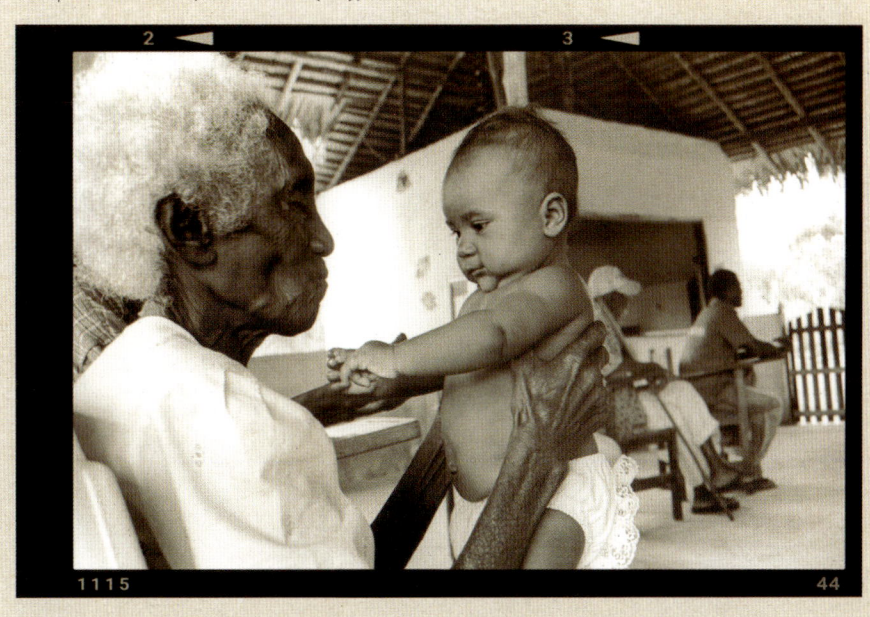

Projeto Tapera das Artes.
Aquiraz (CE), 2003.

Comunidade quilombola de Morros.
Itapecuru Mirim (MA), 2003.

Desfile do Grêmio Recreativo Escola
de Samba Mirim de Vila Isabel.
Rio de Janeiro (RJ), 2003.

Projeto Daruê Malungo.
Recife (PE), 2003.

Mestre Zezito.
Águas Lindas de Goiás (GO), 2003.

... sempre achei um jeito de tocar a lágrima para o canto de fora do olho, pra ela não atrapalhar o trabalho.

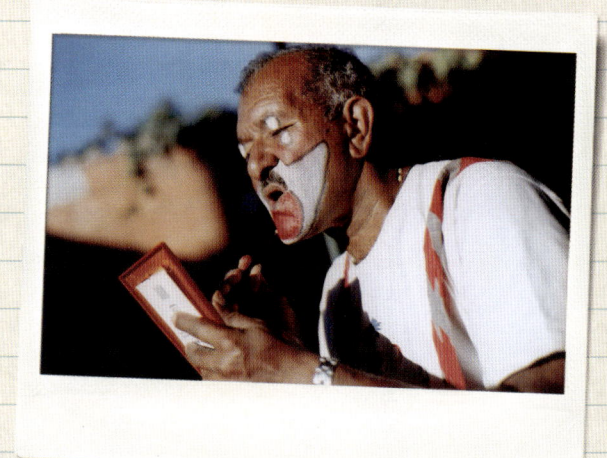

Mestre Zezito: homem de 54 anos, ventríloquo que também teve a delicadeza de se transformar em palhaço. Eu me emociono ao vê-lo se maquiar debaixo de uma lona de circo no quintal de sua casa, em Águas Lindas de Goiás. No quintal também há um fogão a lenha onde ele faz um sopão para as crianças, com doações de supermercados da cidade. Muitas famílias contam com isso. Conforme pinta a cara, Zezito se transforma aos poucos, vai ganhando nova expressão, a voz muda, o personagem chega, alegre. Mas nele existe um cansaço ancestral, fruto de todas as dores sentidas nos países "estrangeiros" que ele conheceu. Com sua graça, ele chama de "estrangeiro" tudo o que está fora do centro rico das cidades.

Muitas vezes tive vontade de chorar fotografando. Algumas, chorei, mas sempre achei um jeito de tocar a lágrima para o canto de fora do olho, pra ela não atrapalhar o trabalho. Hoje, vendo mestre Zezito, senti um peso muito grande sobre meus ombros. Parecia que eu carregava a humanidade nas costas. Na verdade, estava só refletindo o que via através das lentes: era Mestre Zezito que carregava a humanidade nas costas, eu estava apenas sentindo o seu sentimento.

Domingo, 20 de abril de 2003.

Por volta das três da tarde, eu e Paloma fomos à praia de Tambaba, no litoral sul da Paraíba. Deixamos o carro em uma pequena praça em frente ao restaurante, junto com vários outros. Entramos na praia, colocamos os pés na areia e fomos catar conchinhas. Voltamos para o restaurante e pedimos uma cerveja e casquinhas de caranguejo. Tirei as sandálias para curtir um momento raro de descanso. De repente, ouvimos um estrondo e Paloma, olhando para o alto, disse: "Vixe! Explodiu alguma coisa". Quando virei, vi um rolo de fumaça. Paloma saiu correndo para tirar o carro de onde o havíamos deixado. Nesse instante, olhei para trás e vi um rio de fogo descendo e outra explosão. Gritei: "Sai do carro!". Ela já tinha visto o fogo, pegou minha câmera e o computador e corremos. Não havia para onde. Era preciso pensar rápido, o rio de fogo já tinha explodido outro carro e descia em direção ao mar. Fomos para um descampado ao lado do restaurante. A intenção era fugir pela mata, por cima de onde o fogo havia começado, mas para isso precisávamos ser muito rápidas e subir um morro alto. Paloma ia na frente, eu, descalça, com um equipamento muito pesado, atrás. Naquele tempo a máquina não era digital, e eu transportava duas máquinas e muitas lentes. Os carros foram explodindo e pensávamos que o mesmo aconteceria com o nosso. Precisávamos sair da mata para não morrer queimadas. Fomos correndo em meio a explosões sucessivas e rolos de fumaça. Chegamos ao pé do morro e começamos a subir. Era muito íngreme. Por vezes eu não conseguia ir para frente, porque não tinha onde agarrar, e o peso do equipamento nas minhas costas me puxava para trás. Quase entrando em pânico, eu gritava: "Nós vamos morrer queimadas!". Paloma dizia: "Não vamos, não! Vamos embora!". Agarrando em raízes para poder subir, fomos chegando ao topo do morro, já com uma nuvem de fumaça negra avançando sobre nós, resultado de inúmeras explosões - 16 carros, ao todo. Paloma achava que íamos morrer intoxicadas: a nuvem negra era gigantesca e larga. Conseguimos com muito sacrifício chegar lá em cima. Nessa hora, avistei a estrada e comemorei: "Estamos salvas!". Eu, toda arranhada nas pernas por causa do mato e com um corte no pé, sentei na guia e chorei. Era gente correndo morro abaixo para ver o que tinha acontecido, polícia, imprensa etc. E nós duas, completamente desgrenhadas, machucadas... Com o tempo, chegaram os bombeiros, mas quase nada dava para fazer. Alguém disse que o nosso carro foi o único que não explodiu. Não acreditamos, era impossível!

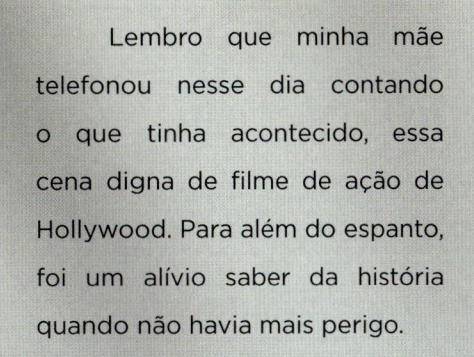

Lembro que minha mãe telefonou nesse dia contando o que tinha acontecido, essa cena digna de filme de ação de Hollywood. Para além do espanto, foi um alívio saber da história quando não havia mais perigo.

Sempre que estava na estrada minha mãe dava um jeito de ligar regularmente para nós. Apesar de seu espírito cigano, acho que os filhos representavam a terra firme para a qual sempre gostava de voltar.

13 de abril de 2003.

Hoje faz um mês que estamos viajando. Estamos em Conde, Paraíba, praia lindíssima, larga. De um lado, o mar; do outro, falésias coloridas se desmanchando na areia. Brinquei um pouco com elas, pintei as pedras brancas com a tinta ocre e vermelha e fiquei com vontade de levar um pouco para a Laura de lembrança.

A CARTEIRA PROFISSIONAL

Por menos que pareça e por mais trabalho que dê ao interessado, a carteira profissional é um documento indispensável à proteção do trabalhador.

Elemento de qualificação civil e de habilitação profissional, a carteira representa também título originário para a colocação, para a inscrição sindical e, ainda, um instrumento prático do contrato individual de trabalho.

A carteira, pelos lançamentos que recebe, configura a história de uma vida. Quem a examinar, logo verá se o portador é um temperamento aquietado ou versátil; se ama a profissão escolhida ou ainda não encontrou a própria vocação; se andou de fábrica em fábrica, como uma abelha, ou permaneceu no mesmo estabelecimento, subindo a escada profissional. Pode ser um padrão de honra. Pode ser uma advertência.

(a.) *Alexandre Marcondes Filho*

MINISTÉRIO DO TRABALHO E PREVIDÊNCIA SOCIAL
DEPARTAMENTO NACIONAL DO TRABALHO
SERVIÇO DE IDENTIFICAÇÃO PROFISSIONAL

CARTEIRA PROFISSIONAL

Número 66457 Série

13.10.65

Polegar direito

Eu estudei até o quarto ano, tinha uns dez anos. Estudar não era comum na minha casa, na minha família, ainda mais sendo menina. Com cinco anos, minha mãe vendia flores no centro da cidade de São Paulo com meu tio, que tinha 14 anos. Eles passavam a semana sozinhos e os meus avós ficavam no interior, trabalhando em uma lavoura. A cultura do trabalho estava arraigada, estudar não era valorizado. A gente fazia no máximo o primário. Entretanto, eu já tinha consciência de que só mudaria a situação em que vivíamos se estudasse.

O meu desejo de estudar era grande e pedia à minha mãe, mas ela dizia que não dava, que eu precisava trabalhar e que, se eu estudasse à noite, não tinha como me buscar na escola. E, realmente, eu morava na Vila Anastácio, um bairro industrial, na beira de um rio, um braço do rio Tietê. Na rua em que morava não havia iluminação. Era um buraco, à beira da cidade, do bairro. Voltar sozinha, nem pensar.

Aos 14 anos, comecei a trabalhar em uma loja de tecidos e passei a ler bastante. Atrás do comércio havia um sobrado de um parente do dono. E muitos, muitos livros. Tinha desde aquela revista *Seleções* a romances. Tinha *El Cid* e outras coisas fantásticas.

Era tanto o meu desejo de estudar que eu trabalhava durante o dia e fazia um curso por correspondência à noite. Recebia as apostilas em casa e fazia as lições. Não copiava, fazia honestamente aquilo tudo; mandava e recebia as provas: "Parabéns, você acertou tudo". Com 17 anos eu já sustentava minha família com o meu trabalho. Eu tinha um irmão menor, a minha irmã mais velha já havia se casado e saído de casa. E tinha a minha mãe e o meu avô, inválido, velhinho, que morava com a gente. Foi quando decidi que, se tinha capacidade de sustentar a família, tinha de ter voz e me revoltar contra o fato de não poder estudar. Enfrentei minha mãe, me rebelei realmente. Fiz o curso de madureza, prestei prova em vários lugares e fui estudar em um colégio regular.

Iolanda em sua mesa de trabalho, década de 80.

Nessa época, minha mãe estudou até o final do que hoje seria o Ensino Fundamental I. Depois disso, fez um curso básico de fotografia de quatro meses, começou a fotografar e não parou mais. Viajou o Brasil e o mundo, ganhou prêmios, encontrou seu lugar no fotojornalismo brasileiro, mas a inquietação de estudar continuava: queria fazer uma faculdade. Não me lembro exatamente a data, mas com certeza ela já tinha seus 60 anos completos quando resolveu cursar o Fundamental II e o Ensino Médio para poder ingressar na faculdade. Em 2008 ela se graduou em Filosofia apresentando um trabalho intitulado: *A Fotografia como Instrumento de Sensibilização e Recurso Pedagógico.*

Dindy
Tratado pelo sistema SANO-VAX ANTI GERMEM

... me perguntou se eu gostaria de fazer fotos para a embalagem de bobes [como modelo].

Com 17 anos eu trabalhei no escritório, em uma fábrica de bobes para cabelos. Sempre fui boa de matemática, por isso fazia os cálculos de custo de produção de cada peça. Um certo dia, Mané Valença, dono da fábrica, me perguntou se eu gostaria de fazer fotos para a embalagem de bobes [como modelo]. Ele também me pediu para sugerir um nome para o produto. Escolhi *Dindi*, por causa da música da Dolores Duran[3]. As embalagens diziam assim: embalado pelo processo Sano-vax Anti Germem, um processo totalmente inventado por ele.

Trecho da entrevista que Iolanda Huzak concedeu a Marcia Pereira Leite. *Cadernos de Antropologia e Imagem da UERJ*, n. 19, p. 109-110, 2004.

[3] N. do E.: A música foi composta por Tom Jobim e Aloysio de Oliveira, mas ficou muito conhecida na voz de Dolores Duran (Rio de Janeiro – RJ 1930 - idem 1959). Nessa edição do texto de Iolanda, optou-se por não alterar o texto original.

Velha Guarda da Portela se apresentando no programa *MPB Especial* (da esq. para a dir.: Monarco, Manacéia, Osmar e Lincon. Sentados no chão: Fernando Faro e Sérgio Cabral), 1975.

Em 1969, minha mãe e meu pai, Elifas Andreato, se casaram.
Moravam no mesmo bairro, se conheceram alguns anos antes lá na Vila Anastácio, quando ela trabalhava na contabilidade de uma empresa de engenharia e ele havia acabado de ser demitido da Fiat Lux (empresa de fósforos), onde trabalhou como aprendiz de torneiro mecânico. Meu pai que, depois de uma reviravolta na vida, havia recentemente sido contratado como estagiário na editora Abril, rapidamente se tornou um diretor de arte prodígio aos 24 anos. Ele foi encarregado de um trabalho que mudaria sua vida profissional, e a de minha mãe também. Era a coleção *História da Música Popular Brasileira*, uma série de LPs em fascículos dedicada a grandes intérpretes e compositores brasileiros.

Foi em razão desse trabalho que eles se tornaram próximos de artistas e produtores da MPB. Meu pai produzia a coleção, minha mãe colaborava, fazendo fotos para os encartes. Por causa dessa convivência com músicos, ele passou a ser convidado para fazer capas, para as quais ela também fotografava. Ele dirigia *shows*, ela registrava tudo.

Foi mais ou menos nessa época que ela passou a acompanhar e registrar semanalmente o programa *MPB Especial*, que mudaria de nome para *Ensaio* na década de 1980. Transmitido pela TV Cultura e dirigido pelo produtor musical Fernando Faro, era um programa de entrevistas com os principais nomes da música popular brasileira. Por seu formato inovador, foi um marco na televisão e na música brasileira: o uso do close, a tomada de detalhes do rosto ou das mãos do artista e, principalmente, a invisibilidade do entrevistador. Faro, ou Baixo – como ele chamava a todos e era chamado –, fazia perguntas escondido detrás da câmera, deixando que só o entrevistado fosse visto e ouvido. Suponho que Faro tenha sido para minha mãe um grande mestre na arte da invisibilidade necessária para fazer ver melhor o outro.

E assim ela foi compondo um acervo estrelado: Cartola, Velha Guarda da Portela, João do Vale, Luiz Gonzaga, Clara Nunes, Dona Ivone Lara e tantas outras preciosidades.

Nelson Cavaquinho no programa
MPB Especial, década de 1970.

Elton Medeiros no programa *MPB Especial*, década de 1970.

Cartola no programa *MPB Especial*, 1973.

Dona Ivone Lara no programa *MPB Especial*, 1974.

Raul Seixas,
década de 1980.

Tom Zé,
década de 1980.

Paulinho da Viola e Clementina de Jesus
em *show* no Colégio Equipe.
São Paulo (SP), década de 1980.

Milton Nascimento em *show* comemorativo dos 50 anos da Semana de Arte Moderna de 1922, 1972.

Dominguinhos e Luiz Gonzaga em *show* comemorativo dos 50 anos da Semana de Arte Moderna de 1922, 1972.

Paulinho da Viola, *Show* Zumbido.
Rio de Janeiro (RJ), 1979.

João do Vale,
início da década de 1980.

Chico Buarque e Raul Cortez
em comício pelas Diretas Já.
Praça da Sé, São Paulo (SP),
1984.

Clara Nunes em ensaio
fotográfico para o disco
Clara Mestiça.
Rio de Janeiro (RJ), 1982.

Adoniran Barbosa no quintal
de sua casa na Vila Mazzei.
São Paulo (SP), 1972.

Encontrei no HD o arquivo digital do mesmo retrato de Adoniran Barbosa que tenho pendurado na parede, perto da porta. Quando chego em casa, sou recebida por seu sorriso triste e zombeteiro, que pra mim é a síntese do que foi esse personagem tão ímpar. Com o retrato que me é tão familiar, encontrei muitas outras fotos que eu não conhecia, tiradas na mesma tarde ensolarada na casa de Adoniran. São imagens bucólicas feitas no quintal, algumas em cores já um pouco desbotadas, outras em preto e branco. Em algumas delas aparece sua companheira Matilde, risonha. Em uma outra, seu cachorro Peteleco – que ele, com seu bom humor, fez compositor de muitas de suas músicas.

Adoniran Barbosa, Matilde e Peteleco.
Vila Mazzei, São Paulo (SP), 1972.

Adoniran Barbosa em sua oficina.
Vila Mazzei, São Paulo (SP), 1972.

Vendo a mesma sequência de imagens de Adoniran, tive a alegria de confirmar uma recordação esmorecida da infância: a oficina na qual fazia fabulosos brinquedinhos mecânicos. Vagões de trem com rodinhas de rolimã que se moviam, carrosséis, postes com lâmpadas que acendiam de verdade. Me lembrei: eu estava lá! Que criança não recordaria dessas pequenas geringonças tão mágicas? Uma memória se reencantou pra mim.

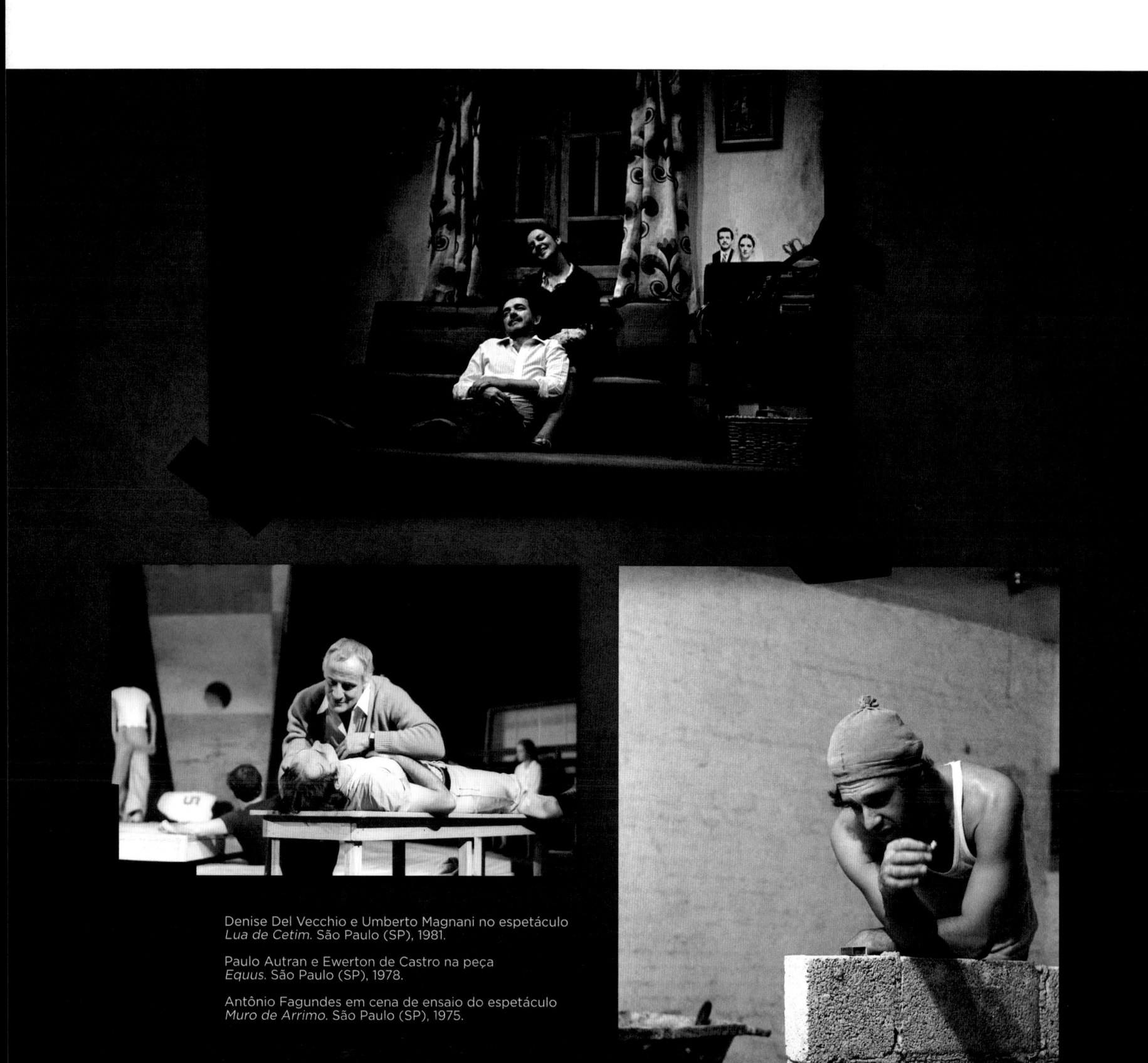

Denise Del Vecchio e Umberto Magnani no espetáculo
Lua de Cetim. São Paulo (SP), 1981.

Paulo Autran e Ewerton de Castro na peça
Equus. São Paulo (SP), 1978.

Antônio Fagundes em cena de ensaio do espetáculo
Muro de Arrimo. São Paulo (SP), 1975.

Ainda na década de 1970, minha mãe se aproximou também do teatro, creio que porque meu pai começava a fazer cartazes para algumas peças e também por causa de meu tio Elias Andreato, que iniciava a carreira de ator. Ela colaborou fazendo a assistência de direção de algumas peças e passou a fotografá-las.

Em razão desse vínculo com o teatro, fez um dos trabalhos que transformaram seu modo de enxergar a fotografia.

Palhaço Piolim no palco do Circo Piolim.
São Paulo (SP), 1972.

Raul Cortez em cena no espetáculo *Os Pequenos Burgueses*.
São Paulo (SP), 1977.

Elias Andreato
no espetáculo *Diário
de um Louco*, 1980.

Osvaldo Campozana, Othon Bastos,
Liana Duval e Marta Overback no
espetáculo *Um Grito Parado no Ar*.
São Paulo (SP), 1973.

Cena de ensaio do mestre
de butô, Kazuo Ohno.
São Paulo (SP), 1986.

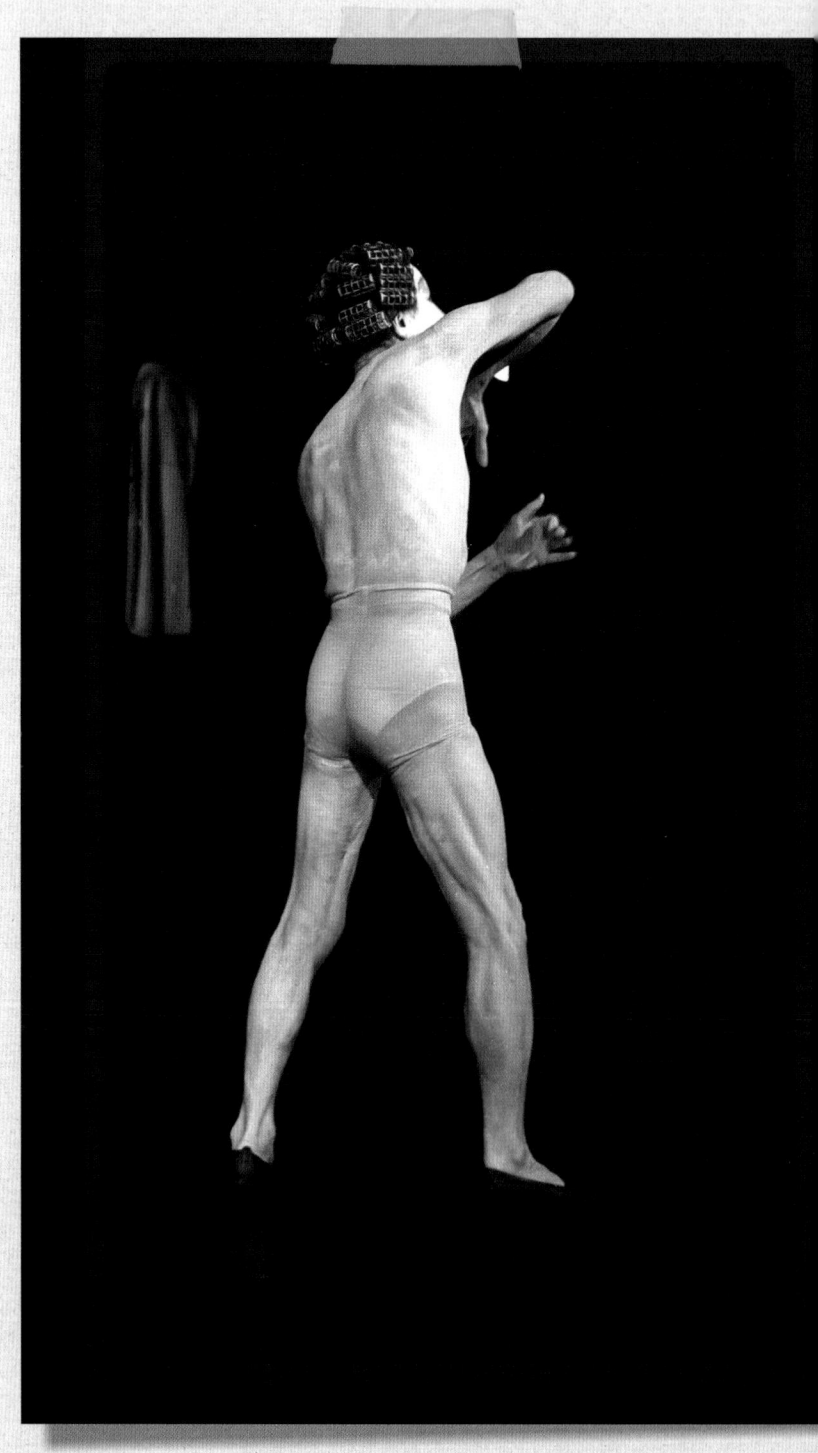

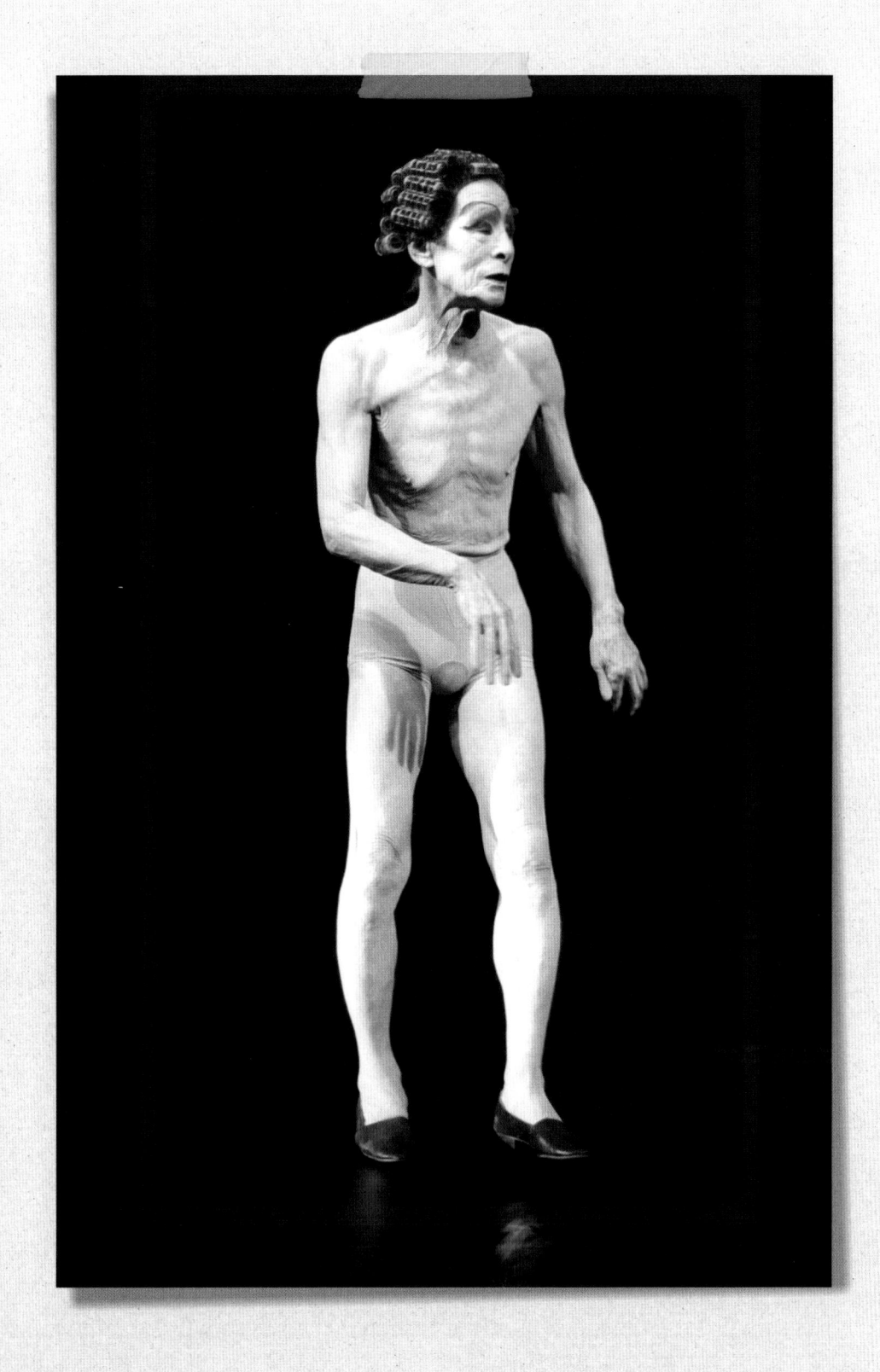

Em 1986, o dançarino japonês e mestre da arte do butô[4], Kazuo Ohno, veio ao Brasil pela primeira vez. Minha mãe foi escalada para registrar os ensaios dos espetáculos "Admirando La Argentina" e "Mar Morto". Também estava lá um colega de profissão que, apressado, clicava centenas de vezes e se movimentava desatentamente. Incomodado, o mestre pedia que ele esperasse, mas o fotógrafo seguia fazendo seu trabalho ruidoso. Minha mãe ficou lá, quieta e maravilhada, sem sequer tirar a câmera da bolsa. Kazuo Ohno esperou o fotógrafo barulhento ir embora, chamou minha mãe e dançou só para ela. Uma retribuição gentil para uma cúmplice que compreendia, como ele, o valor do silêncio.

[4] N. do E.: o Butô surgiu no Japão na década de 1950, no período pós-guerra. Tatsumi Hijikata (1928-1986) e Kazuo Ohno (1906-2010) são considerados os criadores desse movimento artístico de dança inspirado nas vanguardas europeias (expressionismo, cubismo e surrealismo), e nas danças japonesas como Nô e Bugaku.

Então, em um determinado dia, eu levei um espelho grande, maquiagem, xale, broche, colar, pulseiras, batom.

Participante do projeto A Arte como
Processo de Recriação em presídios.
São Paulo (SP), 1978.

[Em 1978], fiz um projeto fotográfico na Penitenciária Feminina da Capital, em São Paulo, que me fez questionar o sentido e a minha postura diante do resultado do meu trabalho. Era um projeto de teatro com detentas, com apoio da Funarte (Fundação Nacional de Artes) e desenvolvido por um grupo interdisciplinar. Fui chamada para documentá-lo por meio da fotografia, mas descobri que esta poderia ter um papel muito mais importante do que o de simplesmente ser um meio de registrar a encenação teatral[...]

Um dia, estava fotografando e uma mulher falou para outra: "Eu não quero fazer foto, eu estou muito feia". E, de fato, lá dentro os valores negativos são muito reforçados. Então, em um determinado dia, eu levei um espelho grande, maquiagem, xale, broche, colar, pulseiras, batom. Usei um quartinho ao lado de uma capela, no fundo da penitenciária, e arrumei tudo, todas essas coisas bonitas de enfeitar as mulheres. Entrava uma de cada vez. Ninguém mais via o que estava sendo feito. E as detentas entravam, sentavam-se diante do espelho e ficavam se arrumando. Elas usavam o que queriam, ficavam se embelezando e eu do lado, conversando um pouco. Quando a relação já estava mais solta, eu começava a focalizar com a câmera, tentando ser transparente, o mais invisível possível. Só quando elas me diziam que estavam prontas para fazer a foto é que eu fazia.

Participantes do projeto
A Arte como Processo de
Recriação em presídios.
São Paulo (SP), 1978.

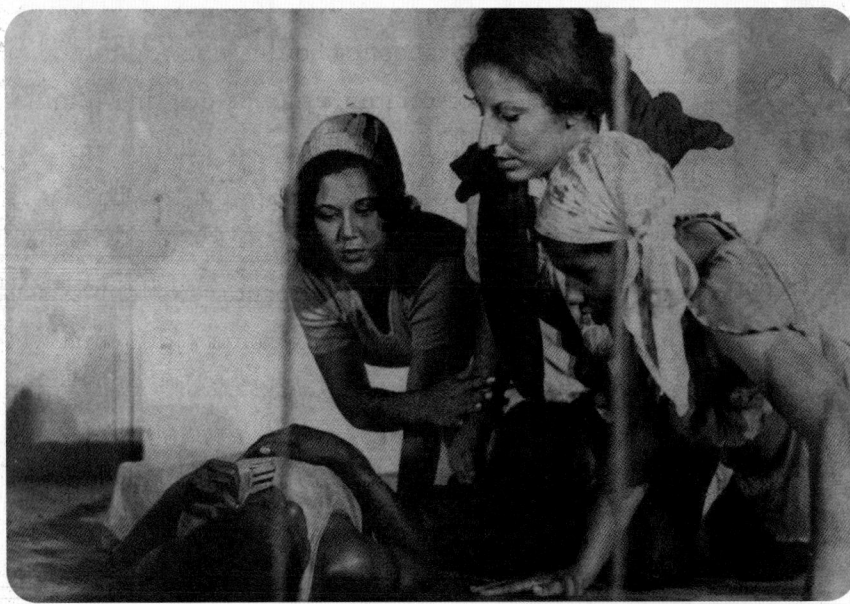

Só quando elas me diziam que estavam prontas para fazer a foto é que eu fazia.

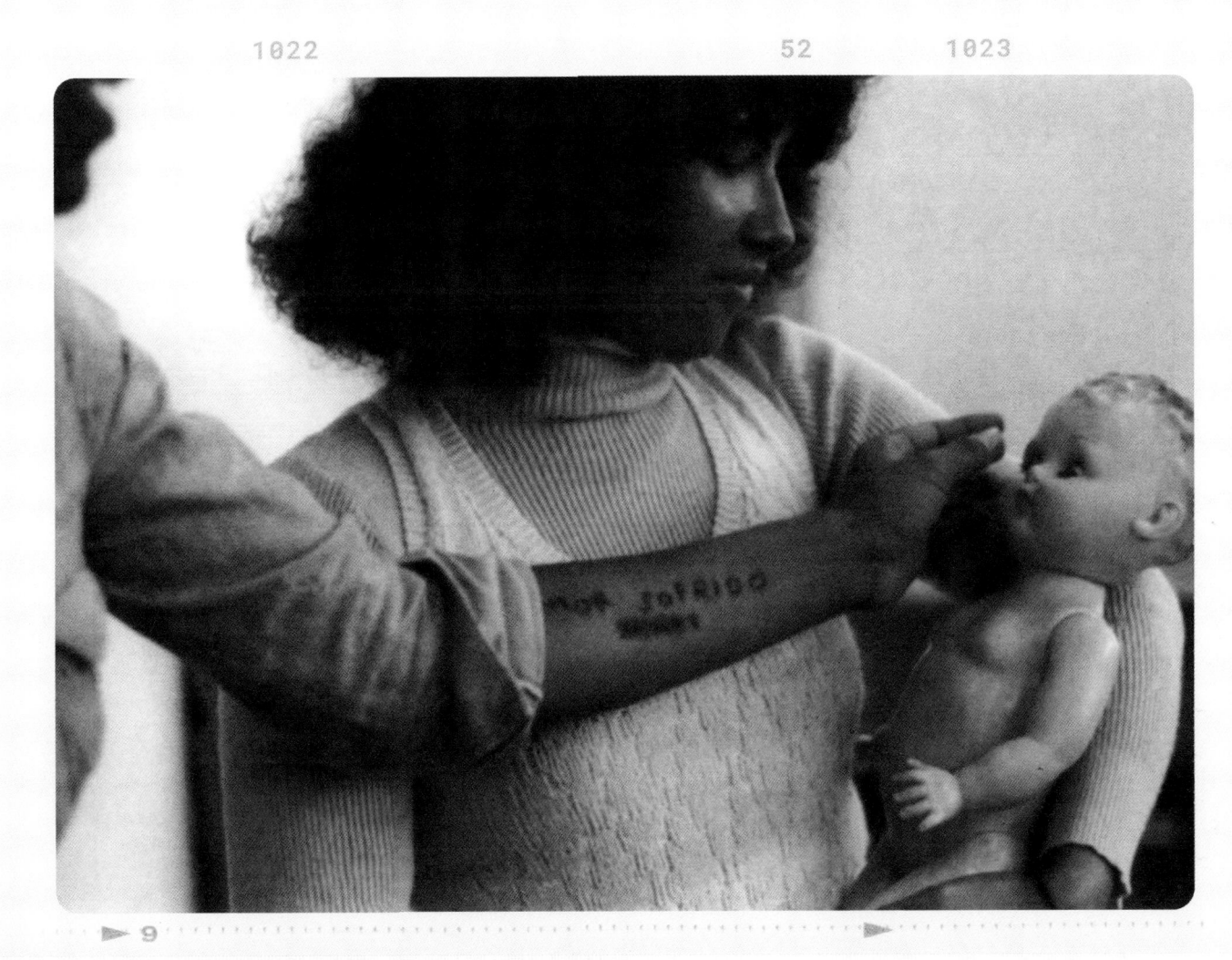

Marco zero da caravana artística brasileira

6 de maio, terça-feira, Rio - Marco zero da caravana artística brasileira liderada por Chico Buarque de Holanda e integrada por Francis e Olívia Hime, Edu Lobo e Wanda Sá, Miúcha, Cristina, Pii, Marieta Severo, Elba Ramalho, Djavan, Geraldinho Azevedo, Dona Ivone Lara, Martinho da Vila, Clara Nunes, João Nogueira, conjunto Nosso Samba, Quinteto Violado, João do Vale, Dorival e Danilo Caymmi, Chico Batera, Paulinho Sawer, Café, Novelli, diretor musical dos *shows*, e pessoal das equipes técnicas de som e iluminação, filmagem, fotografia, imprensa e televisão. Com o diretor Fernando Faro, o produtor Wellington e o organizador Lessa, são ao todo 64 pessoas a bordo do Boeing 707 da TAAG (Transportes Aéreos Angolanos) no vôo especial Rio-Luanda. Martinho é o primeiro a falar de Angola. Esteve em Luanda há 8 anos atrás, em plena guerra de libertação do país. Diz que "lá não existe RCA, Polygram, Ariola, CBS, nada disso". Está visivelmente emocionado. João do Vale diz que Bonga, famoso cantor angolano que vive há muitos anos na Europa, gravou Pisa na Fulô, um de seus mais consagrados sucessos. As aeromoças informam, com acentuado sotaque lusitano, que temos uísque, vinho e cerveja para beber. Voamos a 11.000 metros de altura, a 900 Km/h. Estamos a 3.300 milhas náuticas da capital da República Popular de Angola. Há menos de 3 horas do desembarque, alguns dormem, outros resistem ao sono da melhor maneira possível, bebendo o estoque providenciado para a viagem.

No fundo da aeronave, alguém vez por outra puxa um samba para animar os ares. Na frente, o que Djavan chamou de "sala de visita", os Hime, os Buarque de Holanda, Dona Ivone, Clara, o cineasta Rui Guerra. No meio, o pessoal da técnica e Rui, do conjunto MPB4, improvisam um jogo de xadrez. Pela manhã, a cabine é invadida pelos curiosos.

Enquanto o piloto é apresentado a Chico Buarque, Martinho da Vila e Dorival Caymmi, João do Vale assume o comando e Olívia transmite pelo rádio que "este é mais um sequestro para Miami". Todos caem na gargalhada. Dentro de mais uma hora estaremos aportando em Luanda, cidade pequena com 1 milhão de habitantes, muito parecida com algumas cidades litorâneas daqui, sobretudo Salvador.

TUPY, Dulce. Foi bonita a festa, pá. *Revista Módulo*, n. 59, p. 42-45, julho - 1980. Disponível em <http://www.museuafrorio.uerj.br/?page_id=2024>

Sempre ouvi minha mãe falando de sua ida a Angola, acompanhando músicos brasileiros, e conhecia algumas das fotos que ela fez lá. Sabia da importância enorme dessa viagem para sua vida e carreira, mas nunca conheci muitos detalhes.

Remexendo seus arquivos, descobri uma pasta cheia de imagens dessa ocasião. Algumas delas me surpreenderam muito: como uma de Dorival Caymmi já de cabeça branquinha em uma praia diante de um pescador, cercado por uma multidão.

Ao pesquisar na internet, estranhei a falta de informações e notícias sobre essa viagem que reuniu um time de artistas tão célebres. Nem mesmo encontrei uma lista completa e definitiva com os nomes de todos os integrantes da comitiva. Em uma entrevista para um *site* que tenta recuperar a memória do projeto Kalunga – nome com o qual foi batizado o evento –, Martinho da Vila lembra que em 1980 o Brasil ainda vivia sob o regime militar e a imprensa não estava livre da censura. Sendo o elenco do evento composto por artistas contrários à ditadura brasileira e tendo Angola um governo alinhado ao socialismo, os principais jornais e revistas brasileiros da época simplesmente ignoraram o acontecimento de tamanha magnitude, exceto por algumas pequenas notas em colunas sociais.

O grupo de mais de 60 pessoas, entre artistas, produtores, técnicos, cineastas, fotógrafos e jornalistas, liderado por Chico Buarque e pelo produtor Fernando Faro, partiu do Rio de Janeiro em maio de 1980 para Angola a convite do então presidente angolano, o poeta Agostinho Neto, para realizar *shows* em três cidades: Luanda, Benguela e Lobito.

Participaram da comitiva, além de Chico e Faro, artistas de peso como Dorival Caymmi, Danilo Caymmi, Martinho da Vila, Edu Lobo, Clara Nunes, Dona Ivone Lara, Djavan, João Nogueira, Elomar, Geraldo Azevedo, Elba Ramalho, João do Valle, Quinteto Violado, Francis e Olívia Hime, Wanda Sá, Miúcha, Cristina Buarque, Marieta Severo, Grupo Nosso Samba, Ruy Faria (MPB 4), Ruy Guerra, entre outros.

No diário de minha mãe, não havia nenhuma referência à viagem, mas, em minha busca *on-line*, pude encontrar, em uma revista chamada *Módulo*, um diário de bordo feito pela jornalista Dulce Tupy, que também acompanhou a comitiva.

Eu me divirto tentando refazer na cabeça cenas tão triviais com protagonistas tão ilustres. Também é neste relato que descubro uma informação importantíssima que eu desconhecia: no dia 8 de maio de 1980, meu aniversário de 2 anos, minha mãe estava em Angola. Achei bonito pensar que, no terceiro dia dessa viagem extraordinária, ela, de alguma forma, me mandou parabéns lá do outro lado do Atlântico.

Quarenta anos depois, decidi escolher uma foto dessa viagem, ampliar e pendurar na parede como meu presente de aniversário de 2 anos.

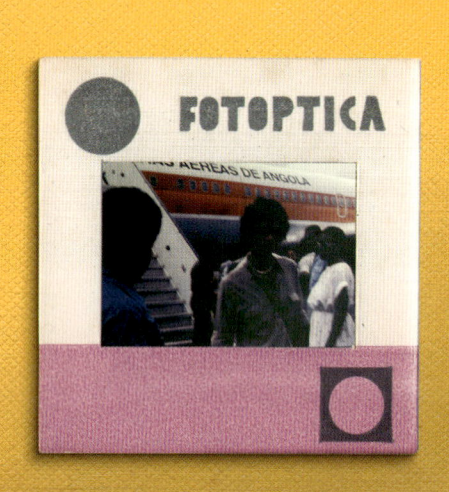

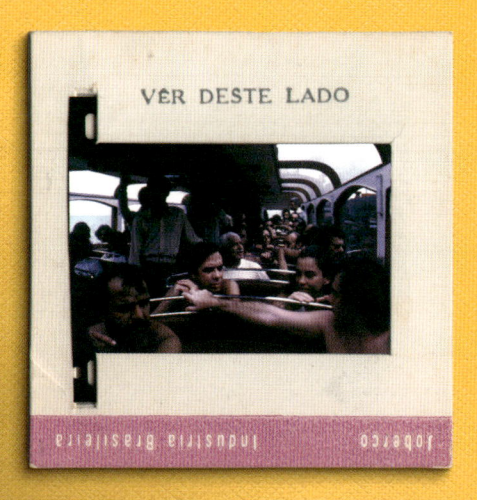

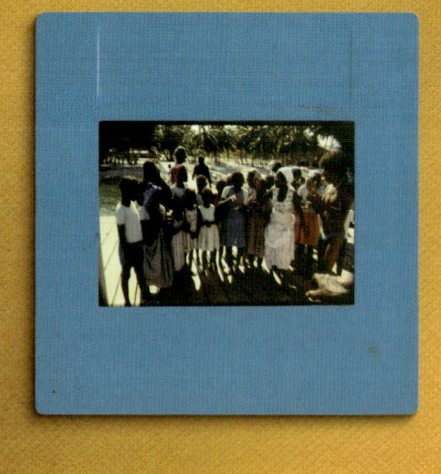

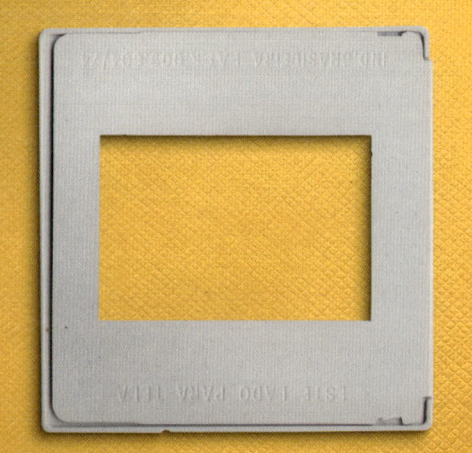

Djavan logo após aterrizar em Angola, 1980.

Clara Nunes, Angola, 1980.

Djavan, Angola, 1980.

Dona Ivone Lara e Matinho da Vila se apresentam em Angola, 1980.

Integrantes do projeto Kalunga em barca a caminho da Ilha de Mussolo. Angola, 1980.

Da esquerda para direita: João Nogueira, Dona Ivone Lara, Stênio, Barbosa, Carlinhos do Cavaco (do Conjunto Nosso Samba), Clara Nunes, Martinho da Vila na Academia de música de Luanda, Angola, 1980.

Martinho da Vila e banda.
Angola, 1980.

Chico Buarque e Djavan.
Angola, 1980.

Dorival Caymmi gravando cena para documentário ao lado de pescador na Ilha de Mussolo, Angola, 1980.

Djavan logo após aterrizar
em Angola, 1980.

Clara Nunes,
Angola, 1980.

João do Vale em ensaio para a
capa do disco *João do Vale*, 1981.

O diário de bordo de Dulce me ajuda a lembrar de uma história que também ouvi de minha mãe. Era sobre o desconcerto causado por João do Vale na comitiva protocolar da Presidência da República de Angola ao beijar o chão assim que desceu do avião. Pisar em solo africano, lembrar de seus antepassados, segundo minha mãe, foi uma experiência intensa para o músico maranhense.

Ela sempre teve muito carinho e admiração por João. Talvez porque reconhecesse em sua biografia muita semelhança com a história de muitos meninos e meninas que encontrou pelo Brasil.

Em *Minha História*, o compositor conta em versos que a pobreza de sua família não permitiu que frequentasse a escola. Enquanto os colegas iam estudar, ele saía para vender doces. Mas, como aprendeu a fazer versos, era capaz de despertar a admiração dos amigos graduados. A música termina anunciando sua real preocupação:

Mas o negócio não é bem eu, é Mané, Pedro e Romão
Que também foram meus colegas, e continuam no sertão
Não puderam estudar e nem sabem fazer baião

Música *Minha História*, composição:
João Do Vale / Raimundo Evangelista.

Em uma ocasião, tive o privilégio de embarcar com minha mãe em uma de suas viagens. Em 1998, ela foi a Chapada do Norte, em Minas Gerais, com uma amiga, a Bel. Elas haviam trabalhado juntas nos audiovisuais sobre os boias-frias na década de 1980. Bel estava fazendo uma pesquisa sobre a Festa de Nossa Senhora do Rosário naquela cidade e convidou minha mãe para ir junto. No ano seguinte eu as acompanhei e em 2000 voltamos somente eu e minha mãe.

Chegar a Chapada do Norte não era muito simples: pegamos um ônibus de São Paulo até Turmalina, mais ou menos 17 horas de viagem. Dormimos lá e no dia seguinte mais três horas de ônibus pingando de cidade em cidade até o nosso destino final.

O município, que fica no Vale do Jequitinhonha, foi primeiro habitado por bandeirantes paulistas em busca de ouro. Conta-se que, com a decadência das lavras de ouro, a escassez de suprimentos atingiu seriamente os homens e mulheres escravizados que trabalhavam por ali. Eles então conseguiram fugir, formando quilombos que deram origem a algumas cidades na região, entre elas, Chapada do Norte. É visível que a maioria da população é composta por homens e mulheres negros.

Chegando lá, nos instalamos na casa de Dona Dodô, uma senhora que alugava um quarto para os poucos forasteiros que apareciam, geralmente durante a festa. Não havia pousadas nem hotéis.

A festa acontece há mais de 200 anos e é organizada pela irmandade de Nossa Senhora do Rosário dos Homens Pretos. Junta religiosidade com divertimento e é também o momento do ano no qual os que saíram da cidade voltam para reencontrar parentes e amigos.

O calendário de atividades da festa é intenso. Contando com a preparação, ela dura 10 dias: o tempo de uma novena mais o domingo, principal data da festa. A cada dia, uma série de acontecimentos vão se sucedendo, da manhã até a noite. Acompanhamos quase todos, fotografando e entrevistando os participantes. Eu também fiz alguns desenhos.

Na *Quinta-feira do Angu*, homens e mulheres partem de manhã para buscar água no rio e lavar a igreja. Depois de concluída a tarefa, saem em cortejo, cantando e batendo tambor até a casa da rainha da festa onde, já de noite, é servido um angu devidamente abençoado.

O cronograma segue na sexta com a reza da novena na igreja. No sábado de manhã, homens e mulheres do Congado reencenam a aparição da santa no rio. Vão buscá-la cantando, tocando e dançando e a levam à igreja. Nesse mesmo dia, durante a noite, acontecem atrações muito esperadas: a batalha entre mouros e cristãos e a subida do mastro com a bandeira de Nossa Senhora do Rosário. Para finalizar, um vibrante *show* pirotécnico na praça da igreja.

No domingo, considerado o dia mais importante da festa, o rei e a rainha servem doces a todos e, em seguida, são coroados. Todos esses acontecimentos são entremeados por cortejos – ora mais devotos, ora mais anárquicos –, cantos, danças, batidas de tambor, badaladas do sino da igreja, rezas, cachaça, comida, fogos.

Minha memória da festa é luminosa e colorida, assim como a lembrança dos dias de convivência intensa com minha mãe em uma situação diferente do dia a dia de casa. Foram dias de aprendizado mútuo, respeitoso e carinhoso. Eu aprendia com a viajante experiente e ela valorizava meu olhar fresco de artista ainda em formação. Ela me mostrou entusiasmada aquilo tudo que já conhecia como alguém que oferece um presente muito precioso. E era mesmo.

Lavagem da capela de Nossa Senhora do Rosário. Chapada do Norte (MG), 1999.

Eva Alves Machado Luiz, rainha do congado. Chapada do Norte (MG), 1999.

João Preto, capitão do tambor. Chapada do Norte (MG), 1999.

Chapada do Norte (MG), 1999.

Buscada da Santa. Chapada do Norte (MG), 1999.

Procissão durante a festa de Nossa Senhora do Rosário. Chapada do Norte (MG), 1999.

Chapada do Norte (MG), 1999.

Batalha entre mouros e cristãos encenada durante a festa de Nossa Senhora do Rosário. Chapada do Norte (MG), 1999.

Chapada do Norte (MG), 1999.

Rita de Nem de Nego. Chapada do Norte (MG), 1999.

Chapada do Norte (MG), 1999.

Congado de Nossa Senhora do Rosário. Chapada do Norte (MG), 1999.

Integrantes do congado de Nossa Senhora do Rosário. Chapada do Norte (MG), 1999.

Integrante de Terno de congo em apresentação no Festival Revelando São Paulo (SP), 2007.

Integrante do Grupo de Congado de Olímpia. Ao fundo, o grupo folclórico Taieras de Sergipe durante o Festival do Folclore de Olímpia (SP), 2005.

Apresentação do grupo de dança Parafusos de Largato, de Sergipe, durante Festival do Folclore de Olímpia (SP), 2005.

Bandeira da Festa do Divino. Parque da Água Branca, São Paulo (SP), 2004.

Caboclo de lança se apresenta no evento Teia. Belo Horizonte (MG), 2007.

Terno de Congo Irmãos Paiva, de Santo Antônio da Alegria (SP), em apresentação no Festival Revelando São Paulo. São Paulo (SP), 2007.

Integrante do grupo Samba de lenço de Mauá se apresentando no Festival Revelando São Paulo. São Paulo (SP), 2007.

Terno de Congo Irmãos Paiva, de Santo Antônio da Alegria (SP), em apresentação no Festival Revelando São Paulo. São Paulo (SP), 2007.

Congada de Santo Antônio da Alegria (SP) em apresentação no Memorial da América Latina. São Paulo (SP).

Ao tentar encontrar informações na internet que me ajudassem a reavivar minha memória sobre a festa, encontrei um documentário sobre Chapada do Norte. Uma das entrevistadas fala sobre o êxodo de homens e mulheres de lá para o interior de São Paulo a fim de trabalhar no corte da cana. Só nesse momento entendi o que levou minha mãe a esse lugar, aparentemente tão distante. Ela precisava ver pessoas como aquelas que conheceu em situações tão duras no início de sua carreira, celebrando sua origem com dignidade, produzindo beleza em toda sua potência. Com certeza, anos depois, era esse elo perdido que ela procurava.

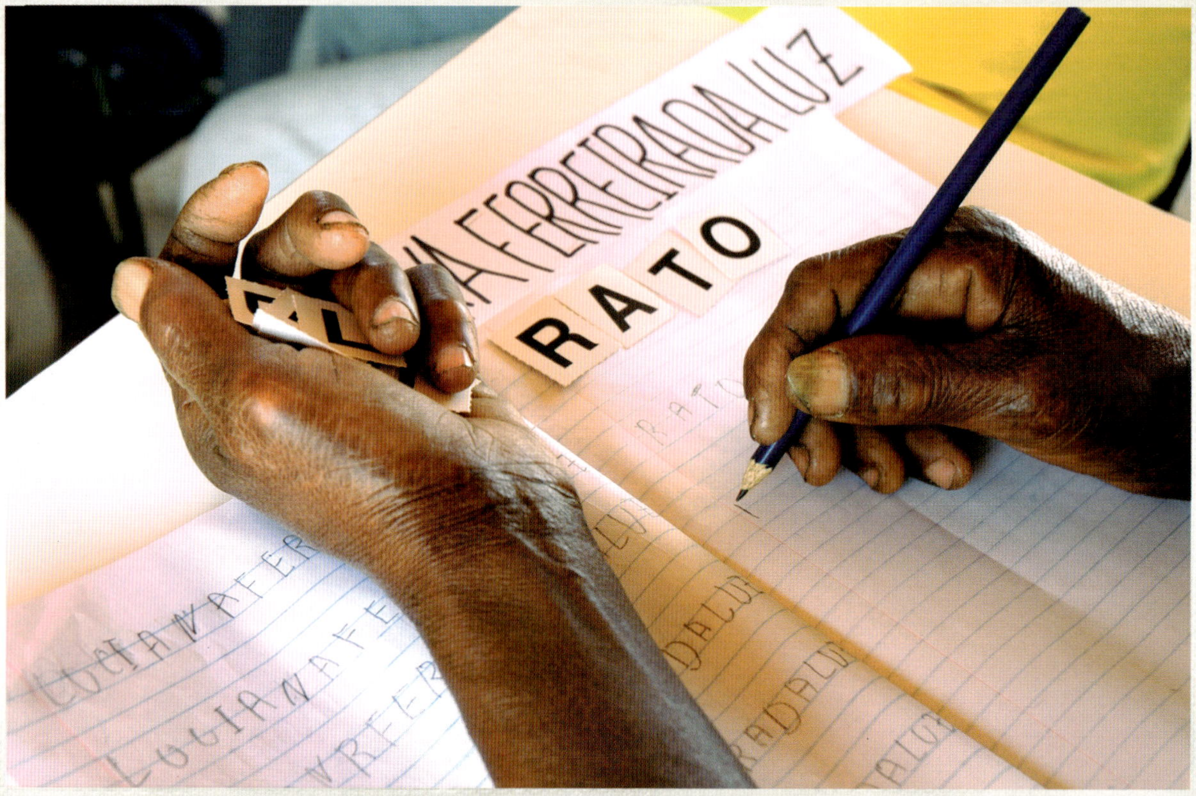
FERREIRA DA LUZ
RATO

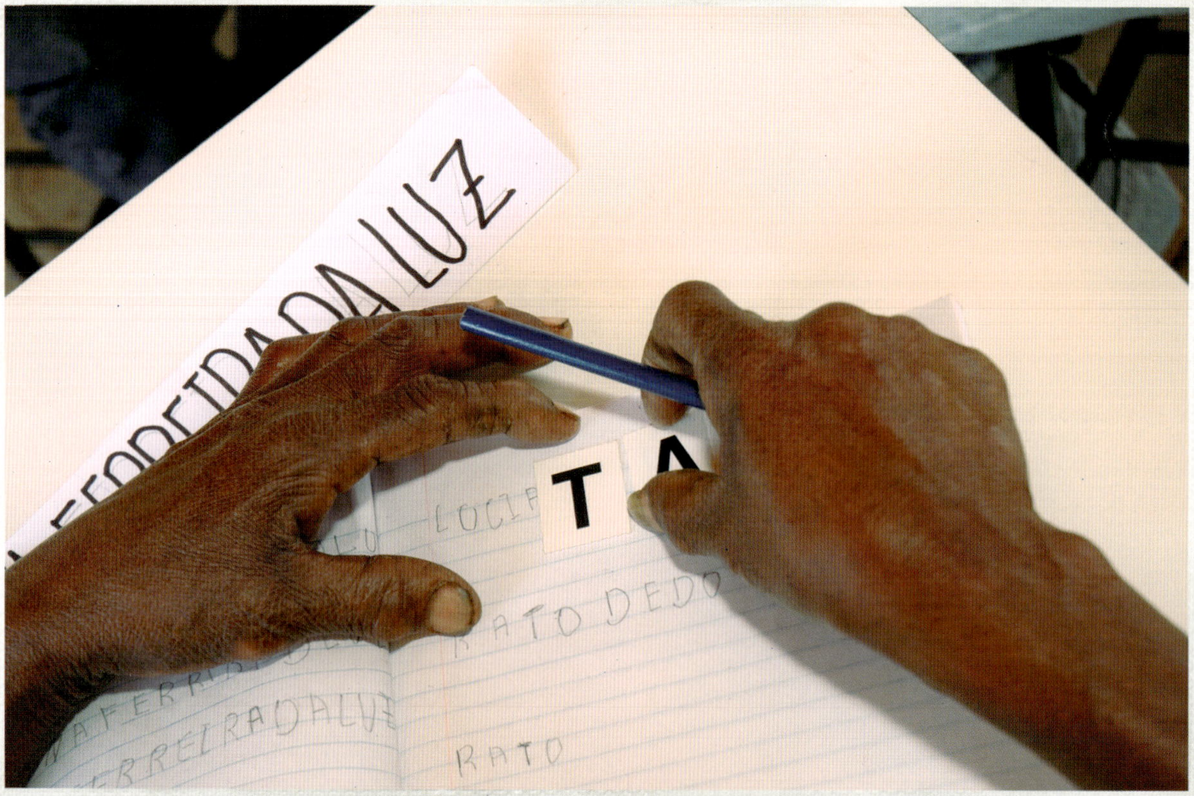
DA LUZ
T A
RATO DEDO
RATO

Vale do Gorutuba, 2005.

Lá estão quilombolas que há séculos encontram refúgio na caatinga seca e cinza, onde também os vaqueiros com suas armaduras de couro corriam a cavalo à procura do gado extraviado. Ali o tempo passa lento, e, no encalço dele, a vida escoa por entre os cômodos escuros de adobe, erguidos por mãos de outras existências também negras. As casas, antes estéreis, hoje guardam a novidade das cisternas salvadoras. Economia de cansaço das longas caminhadas pelas grotas e veredas ladeadas por buritizeiros e tamboris.

Talvez a santa padroeira leve em seu nome a necessidade do sertanejo enfraquecido pelas chagas. O louvor a Nossa Senhora da Saúde traz de longe o batuque dos pés no chão e as marcas da escravidão. Hoje os quilombolas reconquistaram o direito a suas terras. Os mais velhos contam histórias dos que foram enganados, cedendo seu chão aos fazendeiros porque não sabiam ler. Tempo de mudança: os velhos aprendem a assinar o nome; os mais novos, a recontar a história dos antepassados que só (re)existe quando passada adiante.

Participante de projeto de alfabetização de jovens e adultos.
Vale do Gorutuba (MG), 2005.

Mãos tecendo renda de bilro.
Florianópolis (SC), 2000.

*"procede assim
devagar
e atrás dele
tudo quanto."*

↳ Mãos trançando com fibras de palmeira para fazer o tipiti. Igarapé-Miri (PA), 2005.

Vale do Urucuia (MG), 2006.

Trançado estrela feito com palha de milho pelas artesãs de Olímpia (SP), 2005.

San Salvador de Jujuy, Argentina, 2007.

Dona Jacinta, artesã da
comunidade de Monte Alegre,
Município de Turmalina (MG), 1999.

Quebradeiras de coco de babaçu.
Pedreiras (MA), 2005.

Gercina Maria de Oliveira.

Uma vez, viajando para fazer uma matéria em Janaúba, no Vale do Urucuia, cenário de *Grande Sertão: Veredas*, um senhor me disse assim: "procede assim devagar e atrás dele tudo quanto". É ou não uma frase típica de Guimarães Rosa?

Tenho registrada uma outra fala, esta de Dona Etelvina, mulher deste senhor: "minha cabeça ficou vazia, desapaixonou".

Projeto de captação de
águas das chuvas.
Minas Novas (MG), 2006.

Rio Amazonas.
Santarém (PA), 2003.

30 de novembro de 2003.

Hoje cedo fui até a beira do rio Amazonas. Os pássaros estavam na margem, comendo peixinhos. A água começou a subir, cobrindo as plantas aquáticas que estavam na beira. Andei pelo trapiche rio adentro. Sua vastidão me emociona. Descobri uma passagem com degraus que descia até a água. Molhei as mãos, quase como um batismo. Rio de respeito, imensidão de fazer os olhos pequeninos para enxergar tanta grandeza.

... imensidão de fazer os olhos pequeninos p/ enxergar tanta grandeza.

Filhote de pacu.
Santarém (PA), 2003.

Habitação em cima de palafita na beira do rio Merú (PA), 2005.

Lagoa da Conceição. Florianópolis (SC), 1999.

Detalhe de flor de bananeira.
Jarinu (SP), 2008.

Detalhe de cacho de banana.
Jarinu (SP), 2008.

Detalhe de folha de bananeira. Jarinu (SP), 2008.

Depois de tanto rodar pelo mundo, minha mãe mudou-se para um sítio e passou a viajar dentro de seu próprio jardim. É verdade que de lá ainda partiu para muitos destinos, mas sempre retornava feliz a seu refúgio. Ali começou a refletir sobre a passagem do tempo, vendo a natureza e seus ciclos mais de perto. Eu me lembrei de um livro que ela pretendia publicar, com imagens e alguns escritos. *O Jardim de Cada Um* começava assim:

O tempo que transforma a flor em fruto maduro é o mesmo que nos transforma.

Folha de parreira.
Jarinu (SP), 2008.

Detalhe de cacho de banana.
Jarinu (SP), 2008.

Jarinu (SP), 2008.

Quase sempre buscamos impressões que ficaram guardadas na infância e que nos trazem boas memórias.

Um dia eu tive um quintal. Lá podia observar os botões de flores que pela manhã estavam fechados e, ao meio-dia, para o meu espanto, já estavam completamente abertos. Observava também os canteiros, de onde, depois da semeadura, surgiam brotos frágeis que se transformavam em vigorosas plantas. Em minha pequenez, observava maravilhada esta brotação toda. Parecia incrível como um simples ato de semear a terra pudesse gerar a vida que alimentava e embelezava nossa existência.

Mais tarde, tivemos um pequeno sítio onde plantávamos batatas, milho, cebola e feijão. Dava para o nosso consumo e ainda sobrava para vender no mercadinho do bairro onde nasci, a Vila Anastácio, em São Paulo.

Os anos passaram e guardei as impressões. São como sementes perenes, prontas para serem plantadas novamente.

Há algum tempo fui morar em Jarinu, cidade próxima a São Paulo, mas de características ainda rurais. Hoje tenho um quintal e, ao lado dele, um bosque. Há alguns anos, venho observando e fotografando os ciclos da natureza que lá acontecem.

Ao me formar em Filosofia, percebi que os ciclos da natureza estão intimamente ligados com o tempo, com um ciclo que se renova a cada ano. O tempo que transforma a flor em fruto maduro é o mesmo que nos transforma.

Jarinu (SP), 2008.

Sempre fui uma menina franzina - minha irmã Tereza me chamava de raquítica quando queria me ofender. Era muito tímida e penso que muito sensível também. Gostava de brincar sozinha, principalmente de cabaninha, onde ficava horas escondida, refugiada de tudo e de todos. Gostava também de me balançar na rede que fazia com uma colcha. Amarrava as duas pontas em uma corda e a corda em dois pés de árvore, geralmente goiabeiras, que tinham o tronco liso e forte. Quando estava na rede, gostava de cantar músicas de "gente grande", como *A luz dos teus olhos*. Músicas de Dolores Duran eram as minhas preferidas, nostálgicas e melancólicas. À noite também ia para a rede para ver a noite estrelada. Será que é de pequenos que começamos a filosofar? Pensava no Universo, na razão de existirmos, na morte.

Comunidade de Capim Açu, Conde (PB), 2003.

Será que é de pequenos que começamos a ~~?~~ filosofar? Pensava no Universo, na razão de existirmos, na morte.

Alto do Morro do Macaco.
Rio de Janeiro (RJ), 2003.

Itaquitinga (PE), 2003.

Tegucigalpa, Honduras, 1989.

Alto do Morro do Macaco.
Rio de Janeiro (RJ), 2003.

Rio Igarapé-Miri (PA), 2005.

Amaraji (PE), 2003.

Itapecuru-Mirim (MA), 2003.

Comunidade de Morros em
Itapecuru-Mirim (MA), 2003.

Gosto muito da foto e desse menino que fez uma câmera para fotografar minha mãe. É uma foto sobre ele, sobre ela e sobre aquele momento rápido e intenso de cumplicidade necessário aos envolvidos no ato de ver e de ser visto.

Para mim, o grande feito do menino foi se esquivar da invisibilidade que ela aprendeu a praticar durante tanto tempo. Esse menino é um espelho: ao vê-lo, vemos também a fotógrafa flagrada por um olhar brincalhão, num jogo divertido de rebatimento infinito eternizado naquele exato instante. Talvez seja esse o mais lindo retrato de minha mãe.

Gire o livro.

138

Recife (PE), 2003.

Esse exercício, ao mesmo tempo difícil e prazeroso, de revisitar a vida e a obra de minha mãe enfim me deixa mais em paz com sua ausência física aqui neste mundo. Sua inquietação, sua sensibilidade, a despeito do tempo que passe, permanecerão aqui nas tantas histórias e testemunhos que ela escreveu com imagens. Sua obra segue latente com um enorme potencial de sensibilizar, transformar, gerar discussões e provocar mudanças.

Tenho a sorte de poder continuar enxergando com seus olhos e, como aquele menino-espelho, ver minha mãe refletida em tudo aquilo que ela viu.

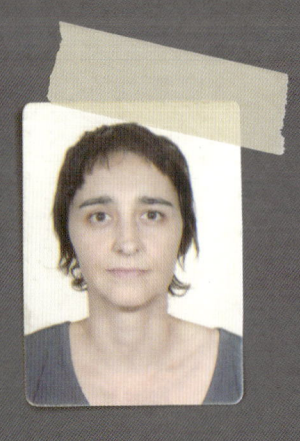

Laura Huzak Andreato

Para mim, o trabalho do fotógrafo é ser os olhos das pessoas que não podem estar onde ele está. E eu tento ser, da melhor maneira possível, os olhos de alguém que um dia vai ver aquilo que eu acho importante mostrar.

Iolanda Huzak

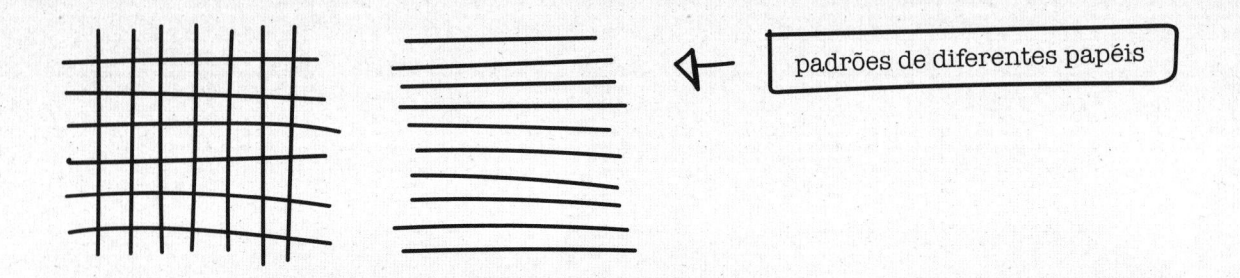

padrões de diferentes papéis

TECENDO ENREDOS: IOLANDA HUZAK

Iolanda Huzak escolheu ser fotojornalista, aquele profissional habilitado a utilizar seu olhar e equipamentos para registrar a vida cotidiana por meio das imagens, e assim informar e provocar a reflexão do público em geral. Foi com esse propósito que ela criou, ao longo da vida, um acervo fotográfico marcado pela beleza estética e, ao mesmo tempo, de expressivo valor social.

Nascida em São Paulo, em 1947, Iolanda era neta de migrantes de origem europeia. Sua trajetória guarda grande semelhança com a de muitos outros brasileiros de sua geração, que, em meio a um intenso processo de urbanização então vivenciado no país, enfrentava dificuldades para adquirir educação formal. Mesmo assim, tinha a convicção de que o ensino era o caminho para a transformação, pessoal e social.

As fragilidades enfrentadas na infância, assim como tantas outras ao longo da vida, se transformaram no fio condutor de sua obra. O tema da infância, a condição de vida das mulheres e dos trabalhadores braçais, marcantes em suas fotografias, a tocavam de forma profunda. A menina que se sentia desprotegida quando criança talvez a tenha feito olhar para outras infâncias e realidades com tanta sensibilidade.

Essas cenas que foram sendo compostas por Iolanda não registravam apenas o mundo real. Os relatos pinçados em suas memórias e espalhados por essas páginas mostram que ela concebia seu trabalho de fotojornalista como resultado de uma investigação, mas também, e principalmente, a partir de uma interação profunda com o retratado.

Nessas trocas surgiam verdadeiros enredos, em que o retratado despontava como protagonista, nunca como coadjuvante – uma relação que se torna mais do que explícita na imagem que encerra o relato de Laura, a que o menino segura uma câmera para retratar Iolanda, ao mesmo tempo em que também é fotografado, numa troca que evidencia a cumplicidade que unia os dois lados desse momento (p. 138-139).

Esses enredos foram construídos muitas vezes com o pé na estrada, inclusive por terras mergulhadas em conflitos armados, como em El Salvador, 1988. Iolanda voltava para casa exausta, como assinala as memórias de sua filha, sonhando que um dia a realidade conturbada por ela testemunhada se transformasse na paz transmitida pelo revoar das borboletas.

Iolanda iniciou sua carreira como fotojornalista em 1972, com imagens que registravam alguns dos grandes momentos da arte brasileira, no teatro e na música, bem como escancararam várias das desigualdades que até hoje marcam o Brasil, a América Latina e outras sociedades do mundo. Um olhar que esteve presente em reportagens de diversos jornais e revistas do país, compôs vários livros e exposições, pelo Brasil e o mundo afora.

Iolanda ganhou prêmios como o *Vladimir Herzog de Direitos Humanos* (pelo trabalho *Crianças de Fibra*) e o *Malba Tahan*, da Fundação Nacional do Livro Infantil (pelo livro *Serafina e a Criança que Trabalha*). Suas fotografias encontram-se hoje preservadas em instituições como o Museu da Imagem do Som (MIS/SP), o Arquivo Público do Estado de São Paulo e o Museu Afro Brasil (SP) (veja cronologia de sua vida ao final do livro).

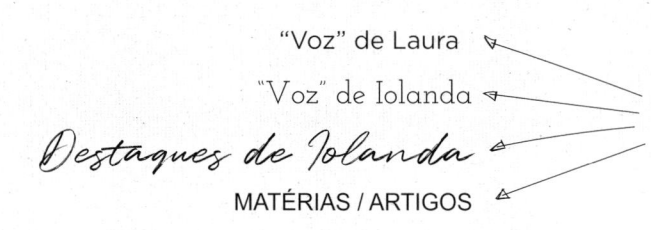

"Voz" de Laura
"Voz" de Iolanda
Destaques de Iolanda
MATÉRIAS / ARTIGOS

uma tipografia para cada pedaço da história

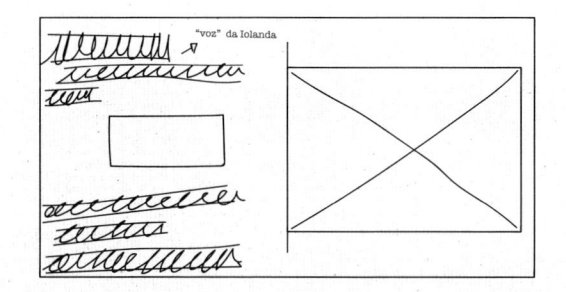

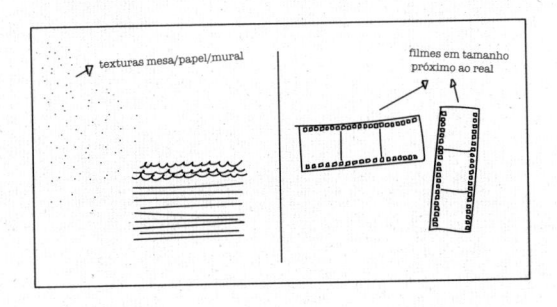

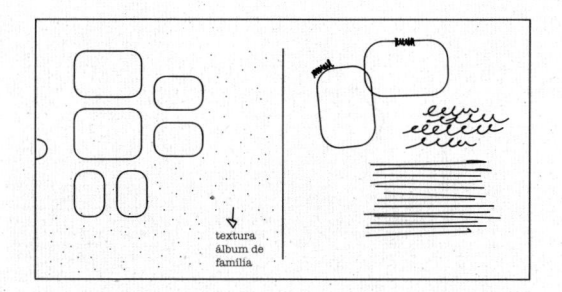

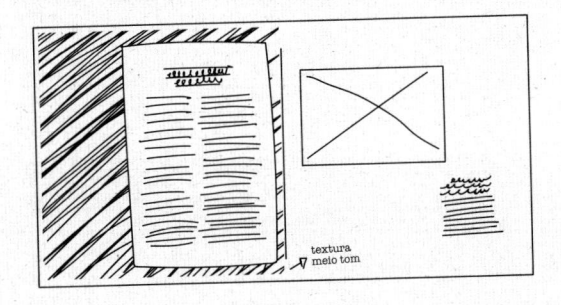

cor varia com a "fase"

A trajetória de Iolanda é reconstruída por fontes de informação bastante diversificadas: matérias publicadas na imprensa, fotos familiares, documentos, diário pessoal e, claro, o acervo imagético produzido pela própria biografada. São esses registros da memória que conduzem a narrativa, ao lado das lembranças afetivas que marcaram Laura Huzak Andreato, sua filha, num entrelaçar de testemunhos que acabaram por construir uma narrativa única e sensível.

Para dar uma lógica ao acervo de imagens da mãe, Laura inspirou-se nos quatro eixos temáticos de uma exposição feita no MIS em comemoração aos 35 anos de carreira de Iolanda. Um deles era **palco**, reunindo as imagens e relatos sobre a relação da fotógrafa com a música popular e o teatro. Outro era **cultura popular**, com os registros de costumes, danças, festas e arte brasileira. Tinha **trabalho**, com fotografias do cotidiano de trabalhadores no Brasil e em outros países do mundo, como Costa Rica e Guatemala. E, por fim, **infância**, com cenas do trabalho de crianças, mas também da felicidade, das brincadeiras, dos jogos infantis.

Puxado pelas memórias de Laura, todo esse arranjo da antiga exposição ganhou aqui novas sequências, uma curadoria marcada pela razão e o afeto. Laura Huzak Andreato nasceu em São Paulo, em 1978. É formada em *Artes Plásticas* pela *Escola de Comunicação e Artes da USP*, onde também cursou o mestrado em *Poéticas Visuais*. Atualmente, nesse mesmo programa de pós-graduação, prepara o doutorado. Em 2014, selecionada pela Embaixada da França no Brasil, foi fazer a residência *Cité Internationale des Arts*, em que desenvolveu o projeto *Anotações sobre Jardins: Paris e arredores.*

Em sua carreira, participou ainda de diversas exposições individuais e coletivas, entre elas *Pensamiento Salvaje* (Bienal Sur, Buenos Aires, 2017), *Le Royale* (La Maudite, Paris, 2014), *Deslize* (MAR, Rio de Janeiro, 2014), *Paradiso* (Vitrines do MASP no Metrô, 2012), *Comic Sans* (Centro de Cultura Contemporânea de Quito, Equador, 2012).

A partir de 2010, Laura começou a desenvolver também atividades como arte-educadora, com experiências em instituições como a Escola da Cidade (SP), o Centro Cultural São Paulo e SESC-SP (Serviço Social do Comércio). Você consegue conhecer com mais detalhe o trajeto de Laura consultando seu portfólio na internet: laurandreato.com (acesso: 17 fev. 2021).

IOLANDA HUZAK

2021